全国商业职业教育教学指导委

高等职业教育财经类**名师**

"十二五"江苏省高等子校重点教材
（编号：2015-1-071）

MARKET RESEARCH
AND ANALYSIS

市场调查与分析（第2版）

卢海涛 主编

马楠 吴波虹 周永刚 副主编

人民邮电出版社

北 京

图书在版编目（CIP）数据

市场调查与分析 / 卢海涛主编. -- 2版. -- 北京：
人民邮电出版社，2017.6（2021.6重印）
高等职业教育财经类名师精品规划教材
ISBN 978-7-115-45705-9

Ⅰ. ①市… Ⅱ. ①卢… Ⅲ. ①市场调查－高等职业教
育－教材②市场分析－高等职业教育－教材 Ⅳ.
①F713.52

中国版本图书馆CIP数据核字(2017)第117959号

内 容 提 要

本书以市场调查工作过程为导向，紧紧围绕职业活动要求对课程内容进行了重新设计，以企业实际的市场调查与分析活动流程为主线编写而成。全书分为四大项目十个任务：项目一策划市场调查，主要介绍了如何准备市场调查、设计市场调查方案和调查工具；项目二实施市场调查，讲述了如何组建市场调查队伍和组织实施市场调查；项目三处理分析调查资料，主要内容包括整理统计调查数据、分析市场调查资料、撰写市场调查报告；项目四反馈评价调查结果，介绍了总结评价调查结果和沟通展示调查成果。书中的每一个项目既可独立操作，又有着系统的逻辑关系，组合在一起就是一个完整的市场调查与分析过程，内容贴近职业工作实际。

本书适合高等职业院校市场营销专业、工商管理专业及其他经济管理类专业教学使用，也可以作为企业在职人员的参考用书。

♦ 主　　编　卢海涛
　　副主编　马　楠　吴波虹　周永刚
　　责任编辑　刘　琦
　　责任印制　周昇亮

♦ 人民邮电出版社出版发行　　北京市丰台区成寿寺路 11 号
　　邮编　100164　　电子邮件　315@ptpress.com.cn
　　网址　http://www.ptpress.com.cn
　　固安县铭成印刷有限公司印刷

♦ 开本：787×1092　1/16
　　印张：11.75　　　　　　　　　2017 年 6 月第 2 版
　　字数：316 千字　　　　　　　2021 年 6 月河北第 7 次印刷

定价：36.00 元

读者服务热线：(010)81055256　印装质量热线：(010)81055316
反盗版热线：(010)81055315
广告经营许可证：京东市监广登字20170147号

编委会

序

一个国家经济社会的发展，主要是靠自然资源、物质资源和人力资源，但是我们不能仅依靠对自然资源破坏性的开发和对物质资源的大量消耗、浪费来发展社会经济。由于我国自然资源比较贫乏，物质资源也相对有限，所以我们要实现经济社会的持续发展就要建设人力资源强国。当前，我国处于从一个人力资源大国向人力资源强国转变的关键时期，要实现这样的转变就必须大力发展教育。人力资源理论指出教育对于经济的增长有重要作用，以1926—1957年的美国为例，其经济增长中有近三分之一是来自人力资源增长的贡献。所以一个国家经济社会要发展，首先就要发展教育，特别是发展职业教育，因为职业教育是为一线生产、服务、管理等部门培养高素质的劳动者和技术技能型应用人才的，这些人才的素质高低直接关系到一个国家经济社会的发展的规模、速度和效益。因此可以说，国家之间的实力竞争，归根结底是人才的竞争，是一线劳动者和技术技能人才综合素质的竞争，所以抓职业教育发展就是抓经济社会发展。

为了更好地促进职业教育商业类专业的发展，教育部和商务部牵头成立了全国商业职业教育教学指导委员会，其主要职能之一就是"研究商业职业教育的人才培养目标、教学基本要求和人才培养质量的评价方法，对专业设置、教学计划制定、课程开发、教材建设提出建议"，推进职业教育课程衔接体系建设，全面推进现代职业教育体系的建设，推动职业教育商业类人才的培养。

进入21世纪以来，随着中国经济实力的飞速提升，中国商业获得了巨大的发展，发生了深刻的变化。与商业相关的多个行业领域也重获新生且飞速发展，不仅各行业内部的繁荣程度得到不断提升，行业对外开放程度，行业的法制建设、人才建设等各方面都取得了显著成就，上升到了新的水平。我国商业及相关经济行业的飞速发展，既为商科职业教育的发展带来了勃勃生机，也同时带来了新的挑战。以往商科高等职业教育更多借鉴原专科教学经验，教学内容和教学形式多为原专科教学的"翻版"，尤其是教材，很多经典教材都由从事本专科教学的教师编写。实践证明，这些教材越来越难以满足高等职业教育应用性强及以就业为导向的教学需要。正是基于这样的考虑，2012年年初，人民邮电出版社发起了"职业教育财经类名师精品教材建设项目"，这个"聚名师、建精品、促教学"的有益之举甫一出台就得到全国多家知名高职院校的支持和响应。同年仲夏，该项目在北京召开了项目启动仪式及专家委员会组建大会，之后历时一年，该项目的成果终能付梓，也就是现在呈现给各位读者的"高等职业教育财经类名师精品规划教材"。

作为"职业教育财经类名师精品教材建设项目"专家委员会的主任委员，我参与了这套教材的筹备、审稿等多个关键环节，认为这套教材与以往高职高专财经类教材相比，在三个方面做得比较好。首先，编者名师汇集，内容紧扣教改。这套教材的编写者、审阅者都是国内商科类院校的知名专家、教授。他们将自己多年教学实践所得，按照职业教育最新的"五个深度对接"的教学改革要求撰写成册，实现了课程教材内容与职业标准对接，充分体现了"做中学，做中教""理论实践一体化"的要求，科学地将专业知识和专业技能的培养结合起来，教材内容在确保学生达到职业资格要求的同时，还能促进学生综合职业素养的发展。其次，体例论证严密，呈现形式有创新性。组建了专门的专家委员会对教材的体例、内容进行审定。其中主任委员负责教材宏观方向和思路的把握，副主任委员负责具体教材规划的制定，包括课程规划、写作思路、教材体例、整体进度规划等，通过多级专家审定和多次会议讨论、商定，最终选择符合课程特色和教学改革新要求的教材编写体例和内容呈现形式。最后，资源丰富实用，打造立体平台。为了寓教于学，充分调动学生学习的积极性和主动性，出版社聘请专人运用最先进的教学资源建设理念和手段，为每本教材配套建设了丰富的多媒体教学资源。这些教学资源都经过精心的教学设计，能够与教材内容紧密结合，有效地促进了学与教，从而为教师课堂教学注入新的活力。

相信这套教材被广大职业院校使用之后，可以有效地实现对学生学习能力、职业能力和社会能力的培养，促进学生综合素质的发展和提高。

这套教材从专家团队组建、教材编写定位、教材结构设计、教材大纲审定到教材编写、审校全过程都倾注了高职商科教学一线众多教育专家和教学工作者的心血，在这里我真诚地对参加编审的教授、专家表示衷心的感谢。

全国商业职业教育教学指导委员会副主任委员　王晋卿

2013 年 6 月 26 日

俗话说："没有调查就没有发言权"。市场调查与分析是企业经营决策过程中不可逾越的起点，它在企业经营决策过程中具有重要的作用，与市场营销活动的各个环节、各个方面都有着密不可分的关系，是企业制定推销策略、营业推广策略、广告策略、公共关系策略及进行营销策划的基础。该课程也一直是高职院校市场营销专业的核心课程。

本书在编写的过程中，根据教育部关于高等职业教育人才培养方面的相关文件精神，从高等职业教育的人才培养规格出发，坚持"工学结合、任务驱动"的指导思想，遵循职业教育的教学规律，注重理论与实际相结合，着力培养学生的实践操作能力，力求反映高等职业教育教学的改革方向，并突出以下特色。

（1）以职业的工作过程为导向，用理论知识支持实践操作。本书按照市场调查与分析职业的实际工作过程为依据，组织内容与结构，形成了特色鲜明的"项目导向、任务驱动"的课程设计。

（2）以市场调查与分析工作活动为主线，借鉴德国"学习领域"课程开发思想，设计了四大项目、十个任务，形成了工作过程导向特征的"学做一体"的教学框架。每个项目既可独立操作，又有着系统的逻辑关系，组合在一起就是一个完整的市场调查与分析过程，内容更贴近工作实际。

（3）结构清晰、形式灵活。编者总结多年教学经验和调研结果，设置了项目导入、学习目标、调查故事、项目实践、案例分析、一试身手、知识链接、实务借鉴等栏目与板块，形成了内容活泼、要点明确、贴近实际、立体互动的教材编写结构模式。众多具有特色的栏目设计，既体现了高职的特色，也有利于高职的教学。

（4）编写语言通俗易懂。考虑到我国高等职业院校学生的文化背景和理论基础，本书编写力求语言通俗易懂、具体形象，并配有一些图表，可以直观、形象地表达市场调查工作的知识和经验。

（5）重视案例的选用。本书中配有大量案例供学生进行实务借鉴，每一个案例都是作者根据多年的教学经验精心挑选出来的。结合案例对市场调查的理论知识和操作方法进行阐述，能够有效提高学生将理论与实践结合的能力。

本书由江苏财经职业技术学院卢海涛教授担任主编；伊春职业学院马楠老师，江苏财经职业技术学院吴波虹老师、周永刚老师担任副主编。具体编写分工如下：卢海涛编写项目一，吴波虹编写项目二，马楠编写项目三，周永刚编写项目四。卢海涛负责本书的总体框架设计、编写大纲拟定、书稿总撰和完善。

　　本书在编写过程中，参考了大量国内外教材、论著和相关文献资料，同时京东全国客服中心人力资源总监汪世龙先生也提出了很多宝贵的意见，在此表示衷心感谢。

　　第 2 版的修订保持了原有的框架与特色，修正了第 1 版当中的纰漏和错误。在对第 1 版的使用情况进行调研的基础上，考虑到现代高职教育教学改革对信息化教学手段的使用要求，丰富了相关配套教学资源，并增加二维码技术，方便学生利用手机等移动设备进行阅读与下载。教材的改革与创新是一个长期而艰难的过程，由于编者水平有限，书中难免有疏漏之处，恳请各位专家和广大读者批评指正。

编者

2017 年 3 月

目 录

Contents

项目一
策划市场调查

项目导入

在激烈的竞争中，市场调查对企业的作用越来越重要，市场调查贯穿于企业各项经营活动的始终。本项目主要阐述市场调查的策划与准备工作，设计调查项目委托协议书，组建市场调查项目小组，制订市场调查方案，选择适当的调查方法，制作调查问卷，利用调查工具进行分析。

学习目标

知识目标

① 了解市场调查策划的基本理论。

② 理解市场调查的含义及其重要性。

③ 知晓市场调查方案、抽样技术方案的基本内容及设计方法。

④ 掌握市场调查问卷设计的知识与技巧。

能力目标

① 能够组建市场调查项目小组。

② 能够制订市场调查方案，撰写调查策划书。

③ 能够选择和运用各种调查工具开展市场调查。

海尔"大地瓜"洗衣机的推出

洗衣机用来洗衣服是众所周知的，然而，海尔集团勇于创新，生产出了一种用来洗地瓜的洗衣机。该洗衣机一经推出，就受到消费者的广泛欢迎。那么，海尔是怎么推出这样一款洗衣机的呢？

原来，海尔洗衣机在四川的广大农村一直销售不错，但产品的返修率也一直居高不下。于是，海尔总部组织了一个专家小组到该地区深入调查。

经调查了解到，返修率高不是洗衣机本身存在质量问题，而是因为该地区用户使用不当造成的，因为他们不仅用洗衣机洗衣服，而且还用洗衣机洗满是泥沙的地瓜。由于大量泥沙沉积，从而造成洗衣机内部堵塞乃至损坏。

调查人员认为：消费者既然用洗衣机洗地瓜，就证明市场上存在这种消费需求，这是一个新的商机，于是，建议推出一款新的产品——"大地瓜"洗衣机。但是，这款新产品是否会被广大消费者接受呢？产品的市场前景又如何呢？

针对这些问题，海尔集团再次组织人员进行市场调查，发现在盛产地瓜的农村，该产品的需求量很大，于是海尔集团组织力量攻关，不久便生产出了"大地瓜"洗衣机，销售价格定为800元。海尔集团首次将1万台"大地瓜"洗衣机投放农村市场，立刻被一抢而空。中央电视台对此专门做了消息报道。

企业的产品要想成功进入市场，离不开深入的市场调查。因为通过市场调查，企业可以了解产品的潜在市场需求，并根据该需求调整企业的经营决策，从而赢得市场。

任务 1.1 | 准备市场调查

任务提示

企业在日常经营活动过程中，可能会面临这样或那样的问题，如推向市场的新产品销售不太好，得不到市场的认可，在竞争中处于劣势，市场上已有同类产品等。这些问题的出现说明企业没有重视市场调查，没有做好市场调查与分析工作。企业在将产品推向市场前一定要对市场调查的重要性有一个清醒的认识，要进行精心的策划与准备；否则就不能正确认清市场前景，不能正确进行战略选择与决策，从而在激烈的市场竞争中处于被动局面甚至被淘汰。

1.1.1 认识与理解市场调查

随着经济全球化的逐步深入，竞争日益激烈，市场变得更加复杂、变幻莫测，中国企业的国际化已不再是一个选择，它已成为企业生存的必需。凭借有限、分散的信息，企业把握市场未来发展动态变得越来越困难。市场调查，能让企业清晰地了解市场活动的现状及未来，以及本企业与竞争对手的差异，能为科学的决策提供依据。

现实生活中，没有人能够天才的将一个企业一帆风顺地运营下去，世界上非常著名的企业家也不例外。在竞争激烈的市场上，企业的任何经营决策都存在着风险和不确定性。只有通过有效的市场调查，掌握足够的市场信息，企业才能了解企业所处的生存、发展和竞争环境的变化，才能顺应市场需求变化趋势，增强企业的应变能力，把握经营的主动权，创新营销组合，识别新的市场机会，实现预期的经营目标。所以，市场调查是现代企业一项重要的基础工作，也是企业营销管理的重要组成部分。

重要概念   **市场调查**

市场调查是指为了形成特定的市场营销决策，采用科学的方法和客观的态度，对市场营销有关问题所需要的信息进行系统的收集、记录、整理和分析，以了解市场活动的现状和未来发展趋势的一系列活动过程。

阅读资料   **市场调查的发展**

从国际市场上看，市场调查研究事业经历了萌芽期、成长期，在 1950 年左右进入了成熟期。大量的现代化手段和技术的应用，使市场调查研究在 20 世纪 60 年代进入了现代时期。

虽然我国的商品经济发展比较晚，但是我国很早以前就有关于进行市场调查的记载。例如，在司马迁的《史记·货殖列传》中，就记载了孔子的学生端木赐进行市场调查和市场预测的事例。自第二次世界大战以来，各国的市场调查研究也随着市场经济的发展而发展，并且成为各个机构必须开展的重要活动。1998 年，我国首个市场调查公司出现在广州市的一个以软科学为主要研究内容的"广州市场研究公司"。该公司当时的任务主要是为政府部门提供信息资料和决策方面的咨询。从此，市场调查和市场预测活动在我国得到前所未有的发展。

一、市场调查的理解

市场调查就是指运用科学的方法，有目的地、系统地搜集、记录、整理有关市场营销信息和资料，分析市场情况，了解市场的现状及其发展趋势，为市场预测和营销决策提供客观的、正确的资料。市场调查一般有狭义与广义两种理解。

狭义市场调查：从市场营销的角度定义市场调查，认为市场调查是以科学的方法和手段收集消费者对产品购买及其使用的数据、意见、动机等有关资料；通过分析研究，识别、定义市场机会和可能出现的问题，以满足制订营销策略的信息需求的过程。

广义市场调查：从整个市场的角度定义市场调查，认为市场调查是运用科学的方法和手段收集产品从生产者转移到消费者手中的一切与市场活动有关的数据和资料，并进行分析研究，以满足管理决策信息需求的过程。狭义的与广义的市场调查框架如图 1-1 所示。

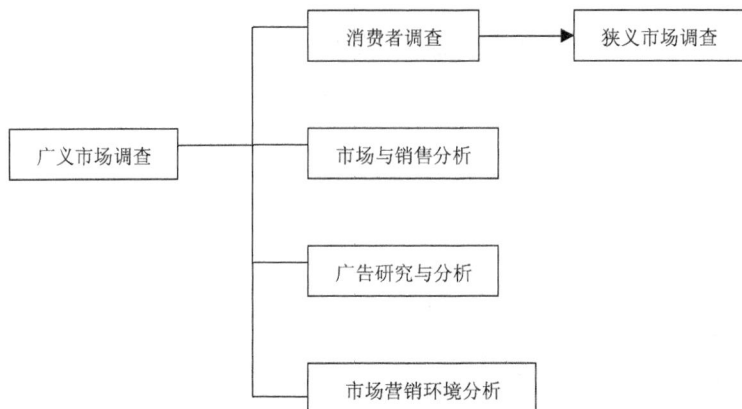

```
                          ┌──────────────┐        ┌──────────────┐
                          │   消费者调查   │───────▶│  狭义市场调查  │
                          └──────────────┘        └──────────────┘
         ┌──────────┐     ┌──────────────┐
         │ 广义市场调查 │────│  市场与销售分析 │
         └──────────┘     └──────────────┘
                          ┌──────────────┐
                          │  广告研究与分析 │
                          └──────────────┘
                          ┌──────────────┐
                          │ 市场营销环境分析 │
                          └──────────────┘
```

图 1-1　狭义与广义市场调查框架

市场调查的内容很多，有市场环境调查，包括政策环境、经济环境、社会文化环境的调查；有市场基本状况的调查，主要包括市场规范，总体需求量，市场的动向，同行业的市场分布占有率等；有销售可能性调查，包括现有和潜在用户的人数及需求量，市场需求变化趋势，本企业竞争对手的产品在市场上的占有率，扩大销售的可能性和具体途径等；还有对消费者及消费需求、企业产品、产品价格、影响销售的社会和自然因素、销售渠道等开展调查。

> **知识链接**　　　　　　　**市场调查的功能**
>
> 市场调查具有 3 种功能：描述、诊断和预测。描述功能是指收集并陈述事实。例如，消费者对某产品及其广告的印象和好感度如何？诊断功能是指解释信息和活动。例如，改变包装对产品销售的影响是什么？预测功能是指依据市场的历史和现状推断市场的未来趋势。例如，企业对于持续变化的市场机会的利用等。
>
> 企业通过市场调查，可以了解市场，发现企业的市场营销机会，促进新产品和新市场开发，提高企业的竞争能力，保持和巩固顾客。但是，市场调查的作用是为企业市场营销提供参考信息，并不能代表决策。那种期望市场调查的结果会告诉企业怎么办是不现实的。企业首先应该对市场调查结果的科学性和准确性进行评估，做出基本的判断，如果认为调查结果是相对准确和客观的，则必须在认真研究调查结果的基础上，结合其他方面来源的资料，同时结合企业自身的现状，做出正确的企业市场营销决策。

二、市场调查的特征

（1）针对性

市场调查必须有一定的目的，它是针对企业亟须解决的特定问题展开的。任何企业都生存于特定的环境之中，在运营过程中会面临各种各样的环境变化，有一些变化企业可以采取相应的策略应付，如在市场经营中竞争对手的价格发生变化等；有一些变化，企业须借助营销调研活动来掌握信息，如企业面临陌生环境时，开发新产品、开拓新市场等。借助营销调研掌握的信息进行决策时，一定要目的明确，解决具体问题，如解决消费者偏好问题、价格问题或者包装问题等。

（2）系统性

市场调查活动不只存在于生产、营销活动前期，也存在于生产、营销活动中后期，在整个生产经营全过程中发挥着重要作用；市场调查本身不只是收集资料，更是包括了从定义调研问题到数据分析和结果应用完整的、系统的过程。

（3）科学性

市场调查的数据收集、整理和数据分析的方法都是在科学原理指导下，按一定的程序进行的。只有通过采用科学的方法和技术，营销调查活动才能正确地采集信息、反馈信息、处理信息，掌握事物发展的趋势和规律，为企业营销决策提供强有力的工具。

（4）不确定性

做了市场调查并不一定能保证决策成功，即"调研不等于万事大吉"。因为市场是一个受众多因素综合影响的消费者群体，而影响市场的因素具有不确定性，同时，调研有时会因时间、空间、经费等因素限制致使调研结果产生偏差，所以市场调查具有不确定性。

实务借鉴　　　　荷兰食品工业公司产品征求意见的市场调查

荷兰食品工业公司以生产色拉调料，而在世界食品工业独树一帜。公司每推出一个新产品均受到消费者的普遍欢迎，产品供不应求，其成功主要得益于不同寻常的产品征求意见的市场调查。以"色拉米斯"为例，在推出该产品之前，公司选择了700名消费者作为调查对象，询问消费者是喜欢公司的"色拉色斯"（一种老产品的名称）原有产品，还是喜欢新的色拉调料，以征询消费者对新产品提出的各种期望。公司综合了消费者的意见，几个月后，一种新的色拉调料便研制出来了。

当向被调查者征求新产品的名字时，有人提出一个短语："混合色拉调料"，公司则拿出预先确定的名字"色拉米斯"和"斯匹克杰色斯"供大家挑选。80%的人认为"色拉米斯"是个很好的名字，这样，"色拉米斯"便被选定为这一产品的名字。不久，公司为了解决"色拉米斯"的颜色问题，在产品销售前又进行最后一次消费调查。公司将白色和粉色两种颜色的产品提供给被调查者，根据消费者的反应，以确定产品的颜色，同时还调查消费者愿意花多少钱来购买它，以此确定产品的销售价格。经过多次市场调查，使"色拉米斯"一举成功。

三、市场调查的重要性

（1）有利于为企业的决策和为调整策略提供客观依据

企业在经营管理过程中，需要处理的问题和矛盾很多，通过市场调查与分析，可以发现

市场调查与分析
（第2版）

问题的症结所在而使问题能够比较顺利地解决。所以，企业要做出正确的经营决策，就必须通过市场调查及时、准确、系统地掌握市场情况。只有在搜集到相关的资料后，企业才能根据自身的实际情况和市场情况做出最佳的经营决策。

（2）有利于企业发现市场机会，开拓新市场

通过市场调查，企业可以了解产品潜在的市场需求，了解消费者对产品的态度、意见、想法、购买意向等。企业可以根据调查结果寻找新的市场机会，开拓新的市场。

（3）有利于企业更好地进行市场定位，树立企业形象，增强竞争力

所谓市场定位是指企业根据竞争者现有产品，分析其优势与劣势，从而为本企业的产品塑造与众不同、令人印象鲜明的市场形象，取得竞争优势。市场调查有利于企业更好地进行市场定位，更好地满足消费者的需求，增强企业的竞争力。

（4）有利于提高企业的经营管理水平

市场调查，有利于企业建立和完善市场营销信息管理系统，摸清市场需求，洞悉市场变化，把握市场脉搏，做出正确的经营管理决策，提高企业的经营管理水平。

即问即答

为什么说企业要想做出正确的决策，成功地分析市场未来的发展趋势，预测市场走向，先要进行市场调查？

答：因为只有全面的市场调查，才有可能为企业经营决策提供全面的数据和资料，从而使市场分析与预测结果更接近实际，准确地把握市场未来的发展。

四、市场调查的作用

扫一扫

麦当劳的市场调查

市场调查作用可以简要概括为以下5个方面。

（1）了解消费者需求

通过对消费者行为、态度的研究，企业了解消费者对某一产品或服务的需求，使企业在进行产品开发、设计、改进时能充分考虑到消费者的意见，最大限度地满足消费者的需求。

（2）了解竞争产品的市场表现

企业产品要稳固地占领市场，提升市场竞争力，企业必须了解竞争对手目前产品的价格、促销策略等，企业分析市场细分状况，寻找适合本企业发展的目标市场，进行恰当的产品定位，做到知己知彼，在竞争中占有优势。

（3）评估和监测市场运营状况

企业营销决策方案一旦形成，就需要不断地监控实施效果。企业营销管理者需要通过市场调查，获得市场经营状况的及时反馈，了解某一种营销策略的执行情况，及时进行方案调整，否则可能带来不必要的资金浪费。

（4）发现市场空缺和市场机会

市场竞争环境下的企业，必须不断地寻找增长点，因而企业需要不断地进行市场调查，

获得消费者现实需求和理想需求的差距，分析市场空缺，准确把握市场机会。

（5）分析行业发展态势

企业的一个新概念产品如何进入市场，如何树立品牌形象并获得持久高价值的品牌资产，还需要以市场调查为基础制定市场营销策略。

实务借鉴　　　　　　　雀巢咖啡的成功之道

雀巢在中国已经是家喻户晓的品牌，提起雀巢咖啡，很多人都会想到一句广告词："雀巢咖啡，味道好极了"。雀巢为什么在中国会取得如此骄人的成绩呢？其成功离不开广泛的市场调查。

雀巢咖啡刚进入中国市场时，市场占有率较低。为此，雀巢公司组织了专门的市场调查组对市场进行了深入调查，调查内容包括消费者的购买意向，消费者对产品价位的接受程度，消费者认为产品存在的问题等。

通过调查，雀巢公司发现以下问题：①由于其走的是高端品牌路线，包装精美、价格昂贵，因而只有极少数高收入人群购买，大多数中低收入者都不知雀巢为何物；②味道苦涩，品种单一，不能满足更多的消费者需求；③速溶性差、沉淀物较多，花费较大力气都搅拌不均匀。

基于调查结果，雀巢公司研发了一款新产品——雀巢速溶咖啡，其速溶性强、口感丝滑、价格便宜、品种多样、包装简便，深受广大消费者喜爱。该产品扩大了雀巢咖啡的市场占有率，成为了雀巢咖啡的经典之作。

由于雀巢公司注重市场调查、品牌建设和分销工作，雀巢咖啡在中国的市场占有率也因此迅速达到了80%以上。

五、市场调查的种类

市场调查按照其目的和功能、组织方式、信息收集的方法可分为不同的种类。

（1）按市场调查的目的和功能可以将其分为探索性调查、描述性调查、因果性调查与预测性调查。

① 探索性调查。探索性调查一般是在调研专题的内容与性质不太明确时，为了了解问题的性质，确定调研的方向与范围而进行的搜集初步资料的调查。通过这种调查，企业可以了解情况，发现问题，从而得到关于调研项目的某些假定或新设想，以供进一步调查研究。

探索性调查是为了界定问题的性质以及更好地理解问题的环境而进行的小规模的调研活动。探索性调查特别有助于把一个大而模糊的问题，表达为小而精确的子问题，以使问题更明确，并识别出需要进一步调研的信息（通常以具体的假设形式出现）。

探索性调查常用于解决以下问题。

- 对即将展开的调查进行"探路"，增进对问题及其背景的了解。

　　● 在调研设计之初，企业"筛选"提出来的许多供使用的方法和资料来源，摸清调查各步骤的轻重缓急，消除不现实的想法。

　　● 在调研起步时，有助于企业提出正确的假设，使之明确、具体，适于接受检验。

　　● 澄清调研工作所使用的概念，给予企业正确解释、界定，使之清晰、易理解、易测量。

　　② 描述性调查。描述性调查是结论性研究的一种，主要目标是调研问题，通常是对市场的特征或功能、调研问题的各种特征等做尽可能准确的描述，解决社会现象"是什么"的问题。在实际调研过程中，多数市场调查属于如实反映市场客观情况的描述性调查。常用的方法有：二手资料分析、抽样调查、固定样本调查、观察法、模拟法等。

　　描述性调查常用于解决以下几个问题。

　　● 描述某一组别的特征。例如，购买某品牌早餐奶的"平均使用者"的收入水平、性别、年龄、受教育程度等方面的基本特征。

　　● 估计具有某种行为特征的人群所占的比重。例如，习惯整箱购买早餐奶的顾客比例。

　　● 动态分析商务指标变动的特点和规律。例如，描述过去6个月的某品牌早餐奶的销售额的增减量和发展速度等。

　　③ 因果关系调查。因果关系调查也是结论性研究的一种，它是收集研究对象发展过程中的变化与影响因素的广泛资料，分清原因和结果，并指出哪些是决定性变量的调查，解决社会现象"为什么"的问题。其目的有两个：一是了解哪些变量是原因性因素即自变量，哪些变量是结果性因素即因变量；二是确定原因和结果，即自变量和因变量之间相互联系的特征。一般常用实验法进行调查。

　　因果关系调查常用于解决以下问题。

　　● 测量伴随变化。例如，销售量在多大程度上依赖于服务质量。

　　● 测试某种商业行为的有效性。例如，广告前和广告后，调查者对一批电视观众的样本询问对于广告主题产品的态度，用测试后的差异结果衡量广告的效果。

　　● 测试市场对产品的接受程度。例如，新品牌的上市测试。

　　● 测试营销组合变量的最佳水平。

　　④ 预测性调查。预测性调查是收集研究对象以往的市场信息资料，掌握其发展变化和规律，运用科学方法，针对市场未来的变化趋势所进行的调研。预测性调查直接为企业进行决策提供重要依据，解决社会现象"会怎么样"的问题。

阅读资料　　　　　　　　强生公司的调查设计

　　强生公司（Johnson Wax）推出的雅士莲洗发剂，是该公司最成功的营销决策之一，其中市场调查对决策的成功起到了关键作用。当年，强生公司在决策过程各阶段的调查设计简介如下。

　　□发现问题阶段

　　调查类型：描述性调查

　　调查设计：用信函方式，对妇女进行大规模的抽样调查，并对照6年前的调查数据。

调查结果：包括妇女护发的变化趋势，妇女头发的性质特点，妇女使用洗发剂的情况表现3个方面，如护发的方式已经改变，油性头发成了问题，青年妇女已成了洗发剂的第一目标，是洗发剂的最常用者，而且最能接受新产品。

□研究问题阶段

调查类型：探索性调查

调查设计：与青年妇女的代表进行焦点组访谈。

调查结果：油性头发是护发市场或洗发剂市场面临的主要问题（假设）。

□拟定决策方式阶段

根据上述假设，公司建立了雅士莲洗发剂的产品概念和新产品设计方案，提出了包装方案和销售渠道方案。

□评估和选择决策方式阶段

调查类型：因果性调查

调查设计：实验法。公司将雅士莲洗发剂送到400名妇女手里试用两个星期，然后通过电话了解她们的反映，如喜欢不喜欢，对使用性能的看法以及建议等。然后，又在若干城市选择一些商店进行试销。

调查结果：试用或试销证明关于油性头发的假设是对的，公司根据这一假设开发的新型洗发剂雅士莲是能够为妇女尤其是青年妇女所欢迎的。

（2）按照市场调查的组织方式可以将其分为全面调查与非全面调查。

① 全面调查又叫普查，即对需要调查的对象进行逐个调查。这种方法所得资料较为全面可靠，但调查花费的人力、物力、财力较多，且调查时间较长，不适合一般企业的要求。全面调查只在产品销售范围很窄或用户很少的情况下可以采用。对品种多、产量大、销售范围广的产品，就不适用全面调查。

② 非全面调查是指调查范围只包括调查对象中一部分单位的调查，即对总体的部分单位进行登记或观察。重点调查、典型调查、抽样调查等都属非全面调查。其特点是调查的单位少，可以集中力量做深入、细致的调查，能调查更多的指标，从而能提高统计资料的准确性；同时，还可以节省人力、物力和财力，缩短调查期限，从而能提高统计资料的时效性。通过非全面调查，企业可以了解客观事物的详细情况及其发展变化的原因。重点调查是指在全体调查对象中选择一部分重点单位以取得统计数据所进行的调查；典型调查是根据调查目的和要求，在对调查对象进行初步分析的基础上，有意识地选取少数具有代表性的典型单位进行深入细致的调查研究，借以认识同类事物的发展变化规律及本质。非全面调查在实际生活中经常使用抽样调查法。抽样调查是从需要调查对象的总体中，抽取若干个个体（即样本）进行调查，并根据调查的情况推断总体特征的一种调查方法。抽样调查可以把调查对象集中在少数样本上，并获得与全面调查相近的结果。这是一种较经济的调查方法，因而被广泛采用。

（3）按照市场调查信息搜集的方法可以将其分为文案调查与实地调查。

① 文案调查法又称二手资料调查法、查阅寻找法、间接调查法、资料分析法或室内研究法。它是利用企业内部和外部现有的各种信息、情报，对调查内容进行分析研究的一种调查方法。文案调查要求更多的专业知识、实践经验和技巧。这是一项艰辛的工作，要求有耐性、创造性和持久性。

根据调查的实践经验，文案调查常被作为调查的首选方式。几乎所有的调查都可始于收集现有资料，只有当现有资料不能为调查提供足够的证据时，才进行实地调查。因此，文案调查可以作为一种独立的调查方法加以采用。如有必要进行实地调查，文案调查可为实地调查提供经验和大量背景资料。

② 实地调查法又称一手资料调查法或直接调查法，是指调查人员对某种社会现象，在确定的范围内进行实地考察，直接向被调查者搜集大量资料以统计分析的方法。它包括观察法、访问法和实验法。同文案调查相比，实地调查更费时费力，操作起来比较困难，但可以获得第一手的材料。

实务借鉴　　　　　联合利华一次失败的市场调研

联合利华公司的 Surf 超浓缩洗衣粉在进入日本市场前，做了大量的市场调研。Surf 的包装经过预先测试，设计成日本人装茶叶的香袋样式，很受欢迎；调研发现消费者使用 Surf 时，方便性是很重要的性能指标，所以新产品又进行了改进。同时，消费者认为 Surf 的气味也很吸引人，因此联合利华就把"气味清新"作为 Surf 市场开拓的主要诉求点。可是，当产品进入日本后，联合利华公司发现，Surf 的市场份额仅能占到日本市场的 2.8%，远远低于原来的期望值，一时间使得联合利华公司陷入窘境。问题出在哪里呢？

问题 1：消费者发现 Surf 在洗涤时难以溶解。因为日本当时正在流行使用慢速搅动的洗衣机。

问题 2："气味清新"基本上没有吸引力，原因是大多数日本人是喜欢露天晾晒衣服的。

显然，Surf 进入市场时实施的调研设计存在严重缺陷，调研人员没有找到日本洗衣粉销售中应该考虑的关键属性，而提供了并不重要的认知——"气味清新"，结果导致了联合利华公司对消费者消费行为的误解。而要达到这个调研目的，该公司只需采用合适的定性调研就能实现。

六、市场调查的内容

（1）宏观环境调查

任何企业都是在开放的社会系统中组织展开各项活动的，都不可避免的会受到所处社会环境的影响。宏观环境调查是对一个地区的政治、经济、文化、气候、地理等因素进行的调查。这些因素对企业自身来说往往是难以驾驭和影响的，企业只有了解它适应它，才能获得经营上的成功。宏观环境调查主要包括以下几个方面。

政治法律环境调查。政治法律环境主要是指国家各项方针、政策、法律、法规等对企业市场活动的影响。政治环境的调查，主要是了解国家有关政策、方针的具体内容，如国家在一定历史时期工农业生产发展的方针政策、物价政策、工资政策、对外贸易政策等。法律环境的调查，主要是了解与企业生产经营活动相关的法律法规，如《公司法》《合同法》《环境保护法》《消费者权益法》《反不正当竞争法》《税法》等。

经济技术环境调查。经济环境的调查，主要是对工农业生产发展状况，经济发展水平，自然资源和能源的开发、供应状况，进出口产品数危及变化状况，税收和银行利率及其变动等的调查。如经济发展水平增长过快，就会相应地增加对就业人员的需求。而失业率低、企业生产经营稳定以及经济形势宽松，必然会引起消费需求的增加和消费结构的改变；反之，需求量就会减少。因此，企业必须重视对经济环境的调查。技术环境的调查，主要是对行业技术发展趋势和新产品开发动向的调查。当代科学技术的发展对社会经济生活的影响越来越大。这就要求企业必须密切关注科学技术进步的新动向，采用新工艺、新材料、新能源，利用新技术不断研制开发新产品，改善企业经营。

社会文化环境调查。社会文化环境的调查，主要是对消费者的文化背景、社会教育水平、民族与宗教状况、风俗习惯、社会心理等的调查。消费者的文化水平和社会教育水平，是影响消费水平和消费结构的重要因素。一般来说，不同文化程度的消费者，会有不同的消费观念和消费结构。民族与宗教状况也是对市场发生重要影响的社会文化因素。各民族由于有自己的传统民俗，也有相对集中的生活地域，因而形成了独特的消费需求。企业经营活动必须适应所涉及国家（或地区）的文化和传统习惯，才能为当地消费者所接受。

地理和气候环境调查。地理和气候环境调查主要是针对各地区条件、气候条件、季节因素、使用条件等方面开展的调查。各个国家和地区地理位置不同，气候和其他自然环境也有很大的差异，这种自然条件很难通过人的作用加以控制，企业只能在了解的基础上去适应这种环境。地理和气候环境对人们的消费行为有很大的影响，制约着企业许多产品的生产和经营，如衣服、食品、住房等。

（2）微观环境调查

微观环境调查，是指企业为达到一定的市场营销目的，在特定的范围内对选定的专题进行的调查，主要包括以下几个方面。

① 目标市场调查。企业经营的宗旨是以企业生产的产品或提供的服务来满足社会的需求，企业借此获取盈利和自我发展。企业经营就是谋求企业内部条件、企业外部环境和企业经营目标的动态平衡的过程。企业的产品和劳动是否得到社会的承认，关键在于企业所提供的产品和服务是否符合社会的要求。企业要获取盈利，得到发展，就必须深入地研究市场，考察各市场主体的需求，弄清市场容量、市场占有率等指标。

企业对目标市场的调查，主要是对市场容量、市场占有率和市场变化趋势等方面的调查。

市场容量。市场容量是指在一定的时期内市场对某种商品或服务需求量的最大限度。

这个时期可以是一年，也可以是一个季度。任何商品在一定期间内可能销售的数量都有一个限度。就生产资料来说，限度主要受用户生产计划需要量的限制。消费资料则受资料普及率和消费者购买力的限制，普及率越高，市场容量越小。有的季节性商品，旺季市场容量远远大于淡季。市场容量受价格与购买力的影响，价格低则市场容量要大一些，价格高则市场容量要小一些。企业制订产销计划，必须考虑市场容量，超出市场容量就会造成商品滞销、积压。

市场占有率。市场占有率分为绝对市场占有率和相对市场占有率。绝对市场占有率，是指企业生产的某种产品在一定期间内的销售量占同类产品市场销售总量的份额；相对市场占有率，是指本企业某种产品销售额与同行业销售额最高的企业同类产品销售额的比值。市场占有率的调查能够反映出本企业产品在市场上的地位和竞争能力。有些企业只知道自己的产品远销多少国家和地区，而不知道在那里的市场占有率，从而不能真正了解产品在国外市场上的竞争能力。一个面向国际市场的经营者必须树立起强烈的市场占有率的观念，及时掌握这方面的信息和动向。

市场变化趋势。市场是动态的，必须时刻研究它的变化趋势。市场变化趋势是通过销售趋势反映的。销售趋势的变化有稳定形态，升降倾向形态，季节形态和抛物线形态四种形态。

② 消费者调查。满足消费者的需求是企业生产经营的根本任务。所以消费者调查是企业市场调查的主要内容。消费者调查是指对现有消费者的数量及地区分布状况、消费者的背景材料（如性别、年龄、职业、民族、文化程度、收入状况等）、消费者对产品及服务的满意程度的评价，消费者的购买心理和购买行为等因素的调查。从市场营销的角度，还需要调查以下内容。

价格敏感度。价格敏感度是指消费者对定价高低的接受程度和价格变动的敏感程度。生产资料的用户对价格变动的敏感度一般不太高，而生活消费品的消费者对价格变动往往十分敏感。价格敏感度可用需求弹性系数来衡量。所谓需求弹性系数，是指因价格上升或下降的比率造成的销售量的减少或增加的比率。由于价格同需求量成反比关系，所以需求弹性系数应取绝对值。$E > 1$，需求弹性较大；$E < 1$，需求弹性较小。需求弹性系数的大小是企业制定和调整价格的重要依据。

广告影响度。一般来讲，生活消费品比生产资料的广告影响度要大，非耐用消费品比耐用消费品的广告影响度更大。价格低的商品比价格昂贵的产品广告影响度也要大。企业必须依据广告影响度的大小确定其广告策略。

购买动机。购买动机是指引起消费者购买某种商品的念头，是一种心理活动。购买动机可分为理智动机和感情动机。研究购买动机可以告诉企业什么是买主确实需要的，什么是促使买主购买的主要因素，从而企业能更好地决定向市场提供什么样的产品、采用什么样的推销方式。

购买行为。购买行为是指消费者为满足个人或家庭的需要而购买商品或者劳务的行为。购买行为看起来似乎比较简单，实际上相当复杂，受多方面因素的影响。一般来说，购买行为是由于消费者首先受到了某种（内部的或外部的）刺激而产生某种需要。消费者因为需要而产生购买某种商品的动机，所以产生某种购买行为。

③ 产品调查。产品竞争虽然不是商业竞争的全部，而只是商业竞争的一种表现形式，但是产品本身可以直接或间接地体现企业的某种竞争能力和内在素质。因此，重视企业产品的调查具有积极的意义。这方面的调查主要有以下几个方面。

产品研究调查。产品研究调查包括新产品的开发、测试状况，现有产品的研发、诊断和改造等内容。产品研究调查首先需要了解消费者对产品使用（试用）的感受，针对产品外观、功能、包装、设计、价格等各个属性分别进行调查评价，然后对各种属性水平组合偏好进行调查，在此基础上通过定量分析，寻找产品属性间的最佳组合等。

企业和品牌调查。企业和品牌的调查包括：企业和品牌的知名度、好感度；企业和品牌的认知程度和认知途径；消费者对新品牌和新企业的名称、商标相关设计的评价和喜好；品牌的管理和品牌力的测试；有时还可能涉及品牌使用者形象的确认研究等。

产品实体调查。产品实体调查是对产品本身的性能质量、规格、品种等因素的调查。产品性能质量是产品最基本的内容，也是消费者最为关注的问题，它直接关系到产品的有用性、耐用性、安全性、维修方便性等问题。此外，消费者的需求具有多样性特征，不同的消费者对产品的规格、式样、颜色、品位等有不同的爱好和需求。企业通过这一方面的调查，努力生产、销售各种规格、各种式样、各种颜色、各种品位的产品，可以满足消费者的不同需求。

产品包装调查。现代商品包装除了保护商品、保证商品安全外，还可以起到美化商品、宣传商品，从而吸引消费者购买的作用。对产品包装的调查，主要是要了解商品包装对消费者的吸引程度，什么样的产品包装能受到消费者的喜爱，现有的产品包装功能是否完善等。

产品生命周期调查。企业通过调查要明确所生产和经营的产品处于生命周期的哪一阶段。当产品处于投入期时，市场调查的重点应是消费者选择此种产品的动机，消费者对此种产品价格的承受力，消费者对此种产品的需求程度。当产品处于成长期时，市场调查的内容应包括产品受欢迎的原因，产品在哪些方面尚有不足，还需要改进，产品是否出现了竞争产品，产品潜在的消费需求量有多大。当产品处于成熟期时，市场调查应着重在消费者减少购买的原因，竞争产品的优势。当企业已确定产品进入衰退期时，市场调查的重点应是有何新产品能够替代该产品。

④ 销售和促销调查。销售和促销调查涉及产品推广过程中的多个环节的调查，包括销售渠道调查、促销调查、销售服务调查等。

销售渠道调查。销售渠道是指商品从生产者手中转移到消费者手中所经过的中间环节。销售渠道调查主要包括：企业现有的销售渠道能否满足销售商品的需要；企业现有销售网点的布局是否科学合理；企业销售渠道中各环节的商品运输、库存是否经济合理；各类中间商的营销实力如何；各类中间商对经销本企业商品有何需求等。这些调查，有助于企业选择中间商，开辟合理的销售渠道。

促销调查。促销的主要目的是向消费者传递商品和服务的信息，激发消费者的购买欲望，以便扩大销售。促销活动形式多样，除了人员推销外，还包括广告宣传、公关活动、现场演示、降价销售、有奖销售等。促销活动调查应着重调查消费者对促销活动的反应，了解消费者最喜爱的促销形式。主要内容包括：调查各种促销形式的特点，促销活动是否具有特色，具有创新性；是否突出了产品和服务特点，消费者接受程度如何；能否给消费者留下深刻印象，效果与投入比如何；是否最终起到了吸引顾客，争取潜在消费者的作用等。

销售服务调查。销售服务，从促销角度讲，也是一种重要的促销方式。这是企业为吸引消费者，保证消费者所购商品发挥作用，了解消费要求和商品质量等信息，建立企业信誉的一种促销方式。销售服务分为售前服务、售中服务和售后服务。对销售服务调查，应了解消费者服务需要的具体内容和形式，了解企业目前所提供服务在网点数量、服务质量上能否满足消费者的要求，消费者对目前服务的意见反映，调查了解竞争者所提供服务的内容、形式和质量情况等。

⑤ 竞争对手状况调查。有市场就有竞争，企业要想在市场上站稳脚跟，必须重视对竞争对手的了解，真正做到知己知彼。竞争对手状况调查的主要内容有：竞争对手的数量有多少，主要竞争对手是谁；竞争对手的生产经营规模、拥有资金、产品质量、技术开发能力等实力如何；竞争对手所采取的产品定价、产品销售渠道和促销方式等营销策略有何特点；竞争对手的市场占有率；竞争对手产品质量和本企业产品质量的差距；消费者对竞争对手产品的认可程度和消费者对本企业产品的认可程度等。

七、市场调查的步骤

（1）调查前的准备

① 确定调查目标。确定调查目标是市场调查的第一步，也是一项关键性的工作。确定调查目标，调查人员首先需要明确企业在经营管理中存在的问题，然后分析问题并针对问题确定应该调查的信息，即确定调查目标。例如，企业是否应该推出新产品？这是企业在经营管理中遇到的问题，调查人员通过分析该问题，最终确定调查目标为确认消费者对计划推出的新产品的偏好和购买意愿。

② 拟定调查内容。确定了调查目标后，调查人员需要进一步明确调查内容，调查内容主要包括：社会环境、市场需求、产品的包装及价格、竞争对手等，调查内容要围绕调查目标拟定。

③ 选择调查方法。拟定调查内容后，调查人员需要选择搜集数据的方法，如入户访问、电话访问、网络调查、邮寄调查表、问卷调查等。具体用什么办法进行调查，调查人员应根据调查的实际情况和客观要求决定。

④ 决定调查方式。确定了调查方法之后，调查人员就要选择调查的方式，它包括普查、典型调查、重点调查和抽样调查。由于普查花费的人力、财力较多，且调查时间较长，企业一般不予采用，而典型调查、重点调查和抽样调查因节省人力、财力而被企业所青睐。

⑤ 制定调查方案。明确了调查目标、调查内容、调查方法和调查方式后，调查人员接下来就可制订详尽的调查方案了。调查方案是指导整个调查项目实施的方针，它包括调查的目标、调查的对象、调查的内容、调查的方法、抽样方案、调查的进度及有关经费预算开支等内容。

（2）实施市场调查。市场调查的准备工作就绪后，企业便可以开始实施市场调查了。经过培训的市场调查人员，按照调查方案中确定的调查时间、调查地点、调查方法、调查内容等对调查对象进行调查，从而搜集资料。调查人员能否搜集到真实有用的资料，是市场调查能否取得成功的最根本条件。

（3）调查资料的整理与分析。市场调查搜集来的资料是分散凌乱的，企业需要对其进行整理分析，具体包括以下工作：审核资料是否及时、完整、准确；对内容进行编码，把文字资料转化为计算机能识别的数字符号，录入调查资料；制表、作图和进行统计分析。

（4）预测市场发展趋势。企业在调查的基础上，运用已经知道的资料进行预测，如预测消费者的消费趋势，预测未来市场的发展状况或预测竞争对手未来的经营决策等。

（5）撰写调查报告。调查人员对数据资料完整分析后，要撰写调查报告。调查报告是市场调查的结果，其目的在于为企业经营决策提供依据。

阅读资料　　　　　　　　不说真话的消费者

在市场调查中，消费者有时不说真话，有时甚至想隐瞒真相。

曾有一家大型邮购公司在其销售的男士休闲裤产品上，收到了异乎寻常的大量退货，消费者所反映的退货原因是裤子不合适。这家邮购公司根据这些信息，认为他们可能在提供给消费者订货一览表和合适尺码的指导说明方面有些问题。于是，他们请一家调研公司帮助寻找一览表和说明书中的问题。

调研公司获得了一份退回男士休闲裤的消费者名单，并派调研人员去进行实地调研，调研结果却出乎预料。调研人员从消费者那里得到的信息是，休闲裤非常合适。真实的原因是什么呢？原来母亲们往往给她们十几岁的男孩订购3～4条裤子，希望他们能从中挑选一条最合适的，然后必须退掉其余的2～3条。

这一调研表明，一览表和说明书并没有问题，只是消费者在解释退货的原因时，没有比"不合适"更恰当的借口了。

1.1.2　设计调查项目委托合同

知识链接　　　　　　　　市场调查机构

市场调查机构是指专业或主要从事市场调查活动的单位或部门，是一种服务性的组织机构。例如央视市场研究股份有限公司，中国最大的市场调查和媒介研究公司，它们的主营业务包括消费者固定样组调查、广告监测、平面媒体调查、电视媒介研究及个案调查。

一、调查项目委托合同的内容

市场调查组织主要分为企业外部各种从事市场调查业务的专业机构与企业内部自设的

固定或临时性的调查部门。由于社会专业分工的不断深化与市场经济的不断发展，决定了市场调查专业机构逐渐成为市场调研行业的主要力量。

企业当确定了具有一定实力的、能够满足调查要求的市场调查机构时，就可以签订委托业务合同，以便委托调查机构及时开展工作。由于市场调查机构是营利性组织，因此，这种委托关系也就是商业性的买卖关系，只不过买卖合同的标的不是商品而是服务。为了使双方的利益能得到有效的保障，双方需要签订委托代理合同，明确双方的责任、义务和付款方式等。合同一般包括以下主要项目。

（1）确认市场调查计划。市场调查计划是委托人与承担人之间签订的合同或协议的关键部分。由于市场调查计划书将调研课题、调研目的、调研内容、调研范围、调研对象等进行明确界定，双方沟通后能取得一致的意见，有利于避免或减少后期出现误解的可能性。

（2）明确双方应承担的责任和义务。通常委托方向代理方提供充分的相关背景材料，解释调查的目的，解释需要什么样的信息或数据，解释调查结果可能要做的决策、选择或行为，估计获得信息的价值说明，规定项目完成的时间，提供经费的一般水平，与代理方保持密切的联系等。

代理方（受托方）应向委托方提供市场调查计划书、抽样方案设计、问卷设计等技术文本，以求双方认可；与委托方探讨调查所要解决的焦点及性质；了解委托方的信息需求，说明调查研究起到的作用及其局限性；说明需要委托人所做的合作或参与的事项；征求委托方对调查时间的要求，承诺对委托方所负的道德责任和应遵循的职业道德；与委托方保持密切的合作联系等。

（3）调查经费与付款方式。调查经费预算确定的调查中需花费的人力、物力等消费开支数目，在双方认可的情况下应写入合同之中，同时，应明确付款方式。一般情况下，委托方应先向调查公司支付 50%的费用，待受托方调查工作完成后，委托方再将余款付清。如果双方的合作关系一直较好，彼此的信任较高，双方也可以采取事先一次性付款或事后一次付款的方式。国际市场调查委托项目不仅在合同中要写明调查经费和付款方式，而且还应写明以何种货币支付的问题。

（4）人员配备与联系。为了保证调查的质量，委托方和调查公司均应将调查项目的人员配备名单、职责、联系方式等在合同中做出明确的规定，以便明确责任，便于双方联系和沟通。特别是调查公司应明确规定调查项目总负责人，技术人员、研究人员的数量及素质要求。

（5）调查期限与进度安排。调查期限是调查工作从开始到完成所需要的时间。调查工作应在合同规定的期限内完成，以保证调查结果的时效性。调查工作超过期限后，应做何处理，费用应如何计算，双方也应在合同中加以规定。同时，在调查期限内，双方应明确进度安排，即界定总体方案设计论证、抽样方案设计、问卷设计与测试修订、问卷印制、调查员挑选培训、调查实施、数据汇总、统计分析、调查报告撰写和调查成果鉴定等的具体时间。

（6）其他事项的规定。其他事项主要包括调查公司应提供的期中调查进度报告和最终成果报告的形式及要求，调查实施过程中有关问题的协商解决，合同中未尽事宜的协商解决等内容。

知识链接　　　　　　　市场调查机构的类型

市场调查机构目前来说主要有两大类，一类是高校市场调查，另一类是专业的市场调查公司，它们在各自的领域各有所长。市场调查机构如果按照不同的划分标准，又有不同的分类法。

第一，市场调查机构按照市场调查机构服务的独立程度来分，主要可以分为非独立性调查机构和独立性调查机构。非独立调查机构一般是指企业或公司所属的调查部门，职能比较有限，这类市场调查机构很少直接从事第一手资料的调查研究，主要是搜集第二手商业情报资料，与专业化的调查公司联络，建议企业进行某些适当的市场调查；独立性市场调查机构是企业之外接受各方委托从事市场调查的主体，是进行市场调查的独立组织。

第二，市场调查机构如果按照机构所属部门来分，又可分为外资调研公司、各级政府部门内的调研机构、新闻单位、高等院校和研究机关的调研机构、专业市场调查公司、专项服务和辅助性调研公司、企业内部的调研机构等。这类市场调查机构一般由资深的专家、学者和有丰富实践经验的人员组成，为企业和单位进行诊断，充当顾问。

第三，市场调查机构按照市场调查的执行部门来分，主要分为市场调查的内部提供者和市场调查的外部提供者两类。

二、市场调查委托合同中受托方的注意事项

（1）市场调查委托合同在一般情况下属于《合同法》第二十一章规定的委托合同，即属于"委托人和受托人约定，由受托人处理委托人事务的合同"。委托合同既然处理的是委托人的事务，就应当要求委托方充分地披露、提供与调查事项有关的一切资料，如委托方有具体的调查方法。受托方对这些资料的使用应当尽可能地反映在验收条款中，以减少"自由发挥"的空间，从而减少调查结果偏离委托目的的可能。我们的具体建议是，委托合同在验收条款中列明验收调查报告所依据的基础资料、调查方法、所遵循的商业习惯或国际惯例等。如有可能，委托合同可以专门增加验收标准作为附件。

（2）调查很多是依赖问卷方法做出的，问卷的设计最好能够事先得到委托方的确认。委托方在验收调查报告时，问卷等基础材料的真实性、有效性是很难从证据证明的角度予以保证的，这些其实是依靠受托方商业信誉和商业能力等软实力来保证的，而这些恰可成为争议的多发地带。由于委托合同的基础是信赖关系，受托方可以争取在验收条款中对问卷等基础资料约定一般有效推定，即在公开全部资料的情况下，除非委托方有证据证明基础资料不真实或无效，否则应当对其真实有效性无异议。

（3）一些比较复杂、长期的调查项目，有时有必要设计一种逐项验收、多次验收的验收方案，这种方案与服务报酬的分批支付及支付比例形成对应，在调查进行的不同阶段完成阶

段性验收，即产生相应部分的付费请求权。这在一定程度上可降低受托方回收款项的风险。

即问即答

市场调查在营销系统中扮演什么角色？

答：市场调查在营销系统中扮演着两种重要角色。首先，它是市场情报反馈过程的一部分，向决策者提供关于当前营销组合有效性的信息和进行必要变革的线索。其次，它是探索新的市场机会的基本工具。市场细分调研和产品调研都有助于营销经理识别最有利可图的市场机会。

阅读资料　　　　　项目市场调查合同书（样本）

委托方（以下称甲方）：＿＿＿＿＿＿＿＿＿＿＿＿＿＿＿＿＿＿

受托方（以下称乙方）：＿＿＿＿＿＿＿＿＿＿＿＿＿＿＿＿＿＿

乙方受甲方委托，独家承担＿＿＿＿＿＿＿＿市场调研项目的全程运作。为明确双方责、权、利及相应义务，建立诚信互助的良好合作关系，顺利完成委托调查的项目，以达到为甲方制定营销整体规划和市场推广策略提供依据的目的，特订立本协议。

一、甲乙双方经过协商一致，由乙方以书面报告或电子媒体的形式向甲方提供关于＿＿＿＿＿＿＿的市场调研报告，作为调研项目的委托结果和调研项目的完成。

二、调研项目内容、形式、验收标准和进度要求

详见合同附件。

三、合同酬金总金额和支付方式

1. 本合同酬金总金额为人民币＿＿＿＿＿＿＿＿（大写）元。

2. 本合同签订之日起＿＿＿＿＿＿日内，甲方付给乙方本合同调查费用总金额＿＿＿＿%的预付款，作为调查前期启动费用（人员组织、培训、初步调查、抽样测试等）。

3. 乙方按照本合同及附件之约定，如期完成项目并提交规定调查文档后，经甲方验收合格，甲方于验收合格之日起＿＿＿＿＿＿日内付清余款。

4. 费用总预算见《市场调查计划》。

四、乙方责任

1. 乙方以双方商定的《市场调查计划》（见合同附件）为基本指南，本着"客观、准确、及时、系统、反馈"的原则，按计划既定的时段、区划、数量及质量标准完成调查过程并提交相应文档。

2. 乙方及时将调研项目的进程情况以及项目进行中遇到的问题向甲方报告。

3. 乙方保证在为甲方提供服务时，未经甲方书面同意，不把该服务项目的全部或部分工作委托第三方。

4. 乙方保证提交甲方的数据、资料及任何信息没有侵犯任何第三方的知识产

权及其他权益。

5. 乙方确保严守甲方公司及其他相关协作企业的全部商务秘密，同时遵守合同期间内不得承接其他同类产品企业的调研项目。

6. 乙方承诺在调研项目进程中接受甲方的监督检查。

7. 乙方应告知并要求参与本调研项目的雇员遵守本合同的保密规定及其他规定，若参与本调研项目的雇员违反本条规定，乙方应承担连带责任。

五、甲方责任

1. 甲方应按双方商定的《市场调查计划》（见合同附件）向乙方提供有关企业或产品的必要的真实信息、资料文档。

2. 甲方应按乙方要求的时间向乙方提供样品，以便乙方随问卷一并赠送给被调查家庭或个人。

六、知识产权及保密条款

1. 本调研项目的成果特指乙方因完成本协议项下市场调研工作而形成的所有原始数据、分析报告、调研结论。调研结论（报告）的所有权归乙方。但在双方约定的保密期限内，乙方不得将上述报告、数据、结论向第三方提供并从中获利。

2. 保密期限约定为_____，自本合同签订之日起计算，保密期限不受本协议有效期的限制。

3. 该保密期限届满，乙方仍应尊重并保证不侵犯甲方因本调研项目获得之成果及其所附的一切权益。

4. 保密期限届满后，乙方对于报告中所涉及的基础数据享有再次使用并提供给第三方的权利。

七、调研项目的进行和验收

1. 甲方有权对乙方为调研项目所做工作进行监督检查。

2. 乙方应按照合同及附件约定的方式及进度进行调研工作，并于____年__月__日前按照协议和附件的约定向甲方提交调研报告及有关文件。

3. 甲方在收到乙方调研报告之日起_____日内按照附件约定的标准进行验收。若验收不合格，但甲方认为调研报告经过补充或修改能够达到约定标准的，乙方应在收到甲方通知之日起____工作日内按照甲方要求修改完成并提交给甲方，否则乙方应承担违约责任。

八、违约责任

1. 乙方未按照约定日期完成调研项目并向甲方提交有关文件的，每逾期一天乙方应向甲方支付本协议酬金总金额_____%的违约金。

2. 乙方超过合同约定时间____日（宽限期）仍未完成项目的，甲方有权解除协议。乙方除退还甲方已付酬金外，还应向甲方支付本协议酬金总金额____%的违约金。

3. 乙方虽按期完成任务，但提交的结果不符合双方所约定的标准时，若甲方认为调研报告经过补充或修改能够达到约定标准的，乙方应在收到甲方通知之日起____日（宽限期）内按照甲方要求修改完成并提交甲方，每延期一天，乙方应向甲方支付本合同酬金总额____%的违约金。

4. 乙方虽按期或在宽限期内完成任务，但提交的结果不符合双方所约定的标准时，视乙方违约，甲方有权解除合同，乙方除退还甲方已付酬金外，还应向甲方支付本协议酬金总额____%的违约金。

5. 甲方未按照第三款之约定向乙方支付调研项目合同规定费用，每逾期一天，甲方应向乙方支付本项调研工作酬金总值____%的违约金；逾期超过____日，甲方除继续履行协议外，应向乙方支付本协议酬金总金额____%的违约金。

九、争议的解决

因本合同引起的一切争议，双方首先应当友好协商解决，协商不成，可向本合同签订地法院提起诉讼。

十、报告文档

乙方应向甲方提交的全部文档是：市场调查计划、消费者留置（入户）调查问卷、市场调查统计分析报告、市场调查综合分析及营销建议报告。

十一、市场调查计划由乙方提交并由甲方签字认可后，双方均不得擅自变更。

十二、本合同一式两份，甲乙双方各执一份。

十三、本合同签订于____年____月____日，于签订之日生效，任何于协议签订前经双方协商但未记载于本协议之事项，对双方皆无约束力。

十四、本合同及其附件对双方具有同等法律约束力，但若附件与本协议相抵触时以本协议为准。

十五、本合同自签字之日起生效执行，有效期至调查计划所规定终结日止。

十六、本合同未尽事宜由双方友好协商解决。

甲方签字：　　　盖章　　　　　　　乙方签字：　　　盖章：

　年　月　日　　　　　　　　　　　　年　月　日

1.1.3 组建市场调查项目小组

一、调查项目小组的特征

市场调查项目小组不同于一般的群体或组织，它是为实现市场调查项目目标而建立的一种按照团队模式开展市场调查项目工作的组织，是市场调查项目人力资源的聚集体。按照现代项目管理的观点，项目团队是项目的中心管理小组，由一群人集合而成并被看作是一个组。他们共同承担项目目标的责任，兼职或者全职地向项目经理进行汇报。市场调查项目小组作为特殊的团队具有以下特征。

（1）项目小组具有一定的目的。项目小组的使命就是完成某项特定的任务，实现项目的既定目标，满足客户的需求。此外，项目利益相关者的需求具有多样性的特征，因此项目团队的目标也具有多元性。

（2）项目小组是临时组织。项目小组有明确的生命周期，随着项目的产生而产生，随着项目任务的完成而结束，是一种临时性的组织。

（3）项目经理是项目团队的领导。

（4）项目小组强调合作精神。

（5）项目小组成员的增减具有灵活性。

（6）项目小组建设是项目成功的组织保障。

二、项目小组组建的依据

（1）事业环境因素。项目团队成员可能来自于组织外部或内部，如果项目管理团队可对员工的聘用产生影响或指导，则应考虑下述各因素。

① 可用性。哪些人员有时间？何时有时间？

② 能力。他们具有什么能力？

③ 经验。他们是否从事过类似或相关的工作？表现如何？

④ 兴趣。他们是否愿意在这个项目中工作？

⑤ 费用。项目团队成员的报酬是多少？特别是当他们来自于组织外部时。

（2）组织过程的无形资产。参与项目的一个或多个组织可能已有管理人员分派的政策、指导方针或程序。人力资源部门也可协助进行项目团队成员的招募、招聘或入职培训。

（3）角色和职责。角色和职责确定项目所需要的岗位、技能和能力。

（4）项目组织图。项目组织图以图形方式显示项目成员的构成及其相互关系。

（5）人员配备管理计划。人员配备管理计划和项目进度计划可界定每位项目团队成员需要工作的时间，以及有关项目团队组建所需的其他重要信息。

三、项目团队组建基本原则

（1）根据项目范围和预算确定团队的人数

项目初始阶段，项目负责人也许只了解到一些有关项目范围、期限等方面的信息以及客户对一些功能需求的简单描述。为了对项目人力进行估计，项目团队有必要进一步细化项目范围，对大致需要的团队人数进行估计，统筹考虑项目的预算。

（2）优先考虑内部选拔

对项目起关键作用的人，应该优先考虑内部选拔。这样做有几个好处：比较熟悉、了解他们的长处和不足，长时间的同事关系，使得大家也容易相处和合作。项目初始阶段，这些人的职责和能力都比较重要，有了他们的协助，项目就会有一个良好的开端。这些人都是比较资深的员工，稳定性比较有保障。在项目实施的过程中，可能会有组员离职，但只要这些核心的人没有走，回旋的空间就比较大，项目也不易受到致命的影响。

（3）优先保证初始阶段的需求

项目需要多少人没有谁能够绝对准确地估计，上面建议的方法也仅仅是一个比较粗略的估计，要想更准确地做出估计，项目团队必须在系统设计的基础上，进一步对任务进行细化，并做出更加详细的计划安排。这在项目初始阶段是没有条件做到的。不仅如此，随着项目的进行，组员对系统和业务的了解越来越深入，编码效率会不断提高，人力需求和任务计划也需要同步调整。人员一次性到位，可能会造成资源浪费；反之，如果一开始在人力资源上算得太紧，一旦有预料不到的事件发生，将没有回旋的余地。作为折中的做法，建议项目团队一开始把重点放在第一阶段的人力需求上，并在适当的时候，根据项目的实际需求，及时补充人手以满足下一阶段的需求。这要求项目初始任务计划就考虑到人员梯次到位的情况。这种做法对大型项目非常有效，可以节约大量的成本。

实务借鉴　　　　　　两个伙计的市场调查

两个同龄的年轻人同时受雇于一家店铺，并且拿同样的薪水。可是叫阿诺德的小伙子青云直上，而那个叫布鲁诺的小伙子却仍在原地踏步。

布鲁诺很不满意老板的不公正待遇。终于有一天他到老板那儿发牢骚。老板一边耐心地听着他的抱怨，一边在心里盘算着怎样向他解释清楚他和阿诺德之间的差别。

"布鲁诺先生，"老板开口说话了，"您今早到集市上去一下，看看今天早上有什么卖的。"

布鲁诺从集市上回来向老板汇报说，今早集市上只有一个农民拉了一车土豆在卖。

"有多少？"老板问。

布鲁诺赶快戴上帽子又跑到集上，然后回来告诉老板一共40口袋土豆。

"价格是多少？"布鲁诺又第三次跑到集上问来了价钱。

"好吧，"老板对他说，"现在请您坐到这把椅子上一句话也不要说，看看别人怎么说。"

阿诺德很快就从集市上回来了，并汇报说到现在为止只有一个农民在卖土豆，一共40口袋，价格是多少多少；土豆质量很不错，他带回来一个让老板看看。这个农民一个钟头以后还弄来几箱西红柿，据他看价格非常公道。昨天他们铺子的西红柿卖得很快，库存已经不多了。他想这么便宜的西红柿老板肯定会要进一些的，所以他不仅带回了一个西红柿做样品，而且把那个农民也带来了，他现在正在外面等回话呢。

此时老板转向了布鲁诺，说："现在您肯定知道为什么阿诺德的薪水比您高了吧？"

⏰ **一试身手**

模拟一项调查活动，和同学们试着按照调查项目小组的特征和要求组建一个调查项目小组，并进行分工安排，和同学们在一起讨论总结，谈一谈心得体会。

📁 实训 1

设计调查项目委托协议书

实训目的：认识市场调查的意义，初步掌握调查项目委托协议书的内容及设计方法。

实训要求：

1. 划分学习小组，模拟一项调查活动，撰写调查项目委托协议书。
2. 调查项目委托协议书要符合规范与要求。
3. 分组讨论并分析每一个小组在设计调查项目委托协议书中存在的问题。

任务1.2 | 设计市场调查方案

👆 任务提示

在市场调查活动中，市场调查人员，需要明确市场调查的意图，了解营销问题的背景，确定市场调查的问题，清晰地界定市场调查目标。在确定市场调查目标之后，市场调查人员就应该根据目标的要求，设计总体的市场调查方案。市场调查工作的成败在很大程度上取决于调查方案的科学性、系统性和可行性的程度。

市场调查方案是对调查工作的总体规划，涉及市场调查活动的各个环节，规划不好，调查工作就很难顺利完成。调查方案是否科学、可行，关系到整个调查活动的成败。当我们确定好市场调查的主题时，我们如何进行调查的实际运作，就需要通过设计调查方案来执行与落实。市场调查方案的设计，就是调查人员根据调查研究的目的和调查对象的性质，在进行实际调查之前，对调查工作任务的各个方面和各个阶段进行的总体考虑和安排，提出相应的调查实施方案，制定合理的工作程序与步骤。

1.2.1 明确市场调查问题

明确市场调查问题是整个市场调查过程中非常重要的环节，只有清楚地界定了调查问题，调查人员才能围绕该问题准确、系统地阐述调查目标，从而为市场信息的搜集指明方向，避免企业的管理决策发生重大失误。明确市场调查问题首先要从分析管理决策问题的背景入手，通过探索性研究理解和把握企业所面临的决策问题，然后围绕该问题确定相应的市场调查问题。

一、分析决策问题的背景

企业一般情况下会提出问题的轮廓，如"是否开发新产品""如何推广某品牌、产品"

等，并希望调查人员提供详细、准确的市场信息以供参考，这些需要调查人员深入分析问题的背景，并分析影响决策的各种因素。总体而言，分析问题背景主要包括以下几个方面。

（1）分析历史资料和发展趋势

调查人员通过分析企业及所属行业相关的各种历史资料和发展趋势，有助于认识到潜在的问题或机会。这些资料包括销售额、市场份额、盈利状况、技术水平、人口统计和生活方式报告等。例如，某企业第三季度的销售额下降，而本行业的销售额上升，那么，调查人员就可以确定企业存在一定的问题。

（2）分析企业的各种资源和面临的限制条件

企业的决策会受公司现有资金、研究能力等资源，以及时间和成本等因素的制约。例如，企业希望将其产品由地方推广到全国，但是，受公司资金、技术等资源的限制，其产品最终只能在地方推广。

（3）分析企业和决策者的目标

企业制定决策的目的在于实现目标。管理决策的形成是建立在清楚了解企业目标和决策者个人目标的基础上的，因此，市场调查项目要取得成功，调查人员要提出切实可行的调查结论，也必须能够服务于这两种目标。调查人员必须了解决策者的目标，并将这种目标具体化和清晰化。

（4）分析消费者

调查人员通过分析消费者的购买动机、消费习惯，消费者对价格的要求和对产品的喜爱程度等，进一步明确企业存在的决策问题。例如，一家健身中心近几年来会员人数出现了下降的趋势，于是，调查中心决定对会员和非会员进行调查，通过资料分析发现大部分年轻的成年人选择了其他健身中心，从而确定企业的管理决策问题是："如何吸引年轻的成年人以增加健身中心的会员人数。"

（5）分析竞争者

调查人员通过分析竞争者的数量、生产规模、经营管理水平、技术水平，以及竞争产品的种类、质量、价格、特色、促销策略和广告策略等，界定企业可能存在的问题。

（6）分析法律环境

法律环境是指国家或地方政府颁布的各项法律、法规。我国在经济领域制定的法律法规有《经济合同法》《商标法》《专利法》《广告法》和《环境保护法》等，企业在生产经营活动的过程中，必须严格遵守执行。此外，企业在面向国际市场时，必须了解并遵循出口国政府颁布的有关经营、贸易、投资等方面的法律、法规，如进口限制、税收管制及有关的外汇管理制度等。

（7）分析经济环境

经济环境是指当地的经济发展水平，包括生产和消费两个方面。生产方面主要包括：能源和资源状况、交通运输条件、经济增长速度及趋势、产业发展状况、国民生产总值、通货膨胀率、失业率、税收等。消费方面主要包括：国民收入、消费水平、消费结构、消费者储蓄和信贷、物价水平、物价指数等。

一般来说，当地经济环境（高增长、低增长、衰退或滞胀）影响着消费者的购买意愿，同时也影响着公司的决策。例如，一个地区的经济出现了低增长的趋势，导致该地区消费者的购买力降低，因此，企业决定采取降低产品的价格或减少产品的生产等措施，来应对经济环境的变化。

⏰ 一试身手

试着对营销与管理问题的背景进行了解与分析，并进行总结。

阅读资料　　　　　　　　常见的市场调查专业机构

1. 专门从事市场调查的公司

这是市场调查行业中最重要的组成部分。随着行业的不断发展，专业市场调查公司的分工越来越细，定位越来越准确，专业优势也越来越强。

2. 以从事企业经营指导业务为主，兼办市场调查业务的经营顾问公司

这类公司执行市场调查任务是为了更好地指导接受委托的企业的经营实践的市场调查任务可以自己承担，也可能再委托市场调查公司来承担。

3. 广告公司的调查机构

不是所有的广告公司都是市场调查的专业机构，因为许多广告公司不存在市场调查机构。但作为许多大型的广告公司来说，要为客户提供更为有效的服务，必须对客户的营销环境和市场状况进行全面的研究，所以，广告公司内部设立专门的市场调查机构必不可少，其主要是执行与广告相关的调查工作。

4. 咨询公司

这类公司一般由资深的专家、学者和有丰富实践经验的人员组成，为企业提供指导性建议，即充当顾问的角色。咨询公司与专业市场调查公司相比有很大差异，咨询公司层次相对较高，人员的组成主要以咨询顾问人员为主；而调查公司是以调查为主。咨询公司主要为企业提供决策咨询，它们的调查是定性调查，主要以自身的经验和能力来提供咨询。

5. 政府机构设立的调查部门

如国家、省、市级的统计部门、审计和工商行政管理部门等所设的调查机构。各专业管理机构和委员会所属的调查部门等也都可以归属为专业的市场调查主体。随着政府机构的功能转换，信息服务的功能越来越重要，政府机构下设的调查部门的地位也更加显著。

从某种意义上说，大专院校、研究部门及学术团体等也可以认为是市场调查的专业机构。

二、通过探索性研究把握决策问题

调研人员为了更科学、准确地把握决策问题，先期进行探索性研究是必要的。通过探索

性研究，将模糊的问题转变为条理清晰的问题，更好地确定决策的问题。一般来说，探索性调查的方法主要有与决策者交流、向专家咨询、二手资料分析和定性调查4种。

（1）与决策者交流

调查人员与决策者交流的重要性体现在两个方面：一方面，决策者需要了解市场调查的功能和局限；另一方面，调查人员需要了解决策者所面临的问题，了解决策者的目标以及决策者希望从调查中获取的信息。

为了发现管理问题，调研者必须擅长和决策者接触。许多因素使这种接触变得非常复杂。例如，和决策者接近比较困难，有些单位对接近最高领导规定了复杂的程序和礼节。我国，由于市场调查的重要性还不是人所共知，因而，一些企业的内部调研部门在本单位的地位较为低下，决定了在调研的初期阶段接近关键的决策者非常困难。当然，如果我们是被聘请的专业调查公司，情况或许会好一些，但依然得讲究方式方法，尽快与企业决策者进行沟通。另外，一个企业可能不止一位关键决策者，无论是单独见面还是集体见面可能都有困难。这就应该根据企业所面临的问题，有意识地首先选择与直接相关的决策者见面，进行访谈。

问题分析是一种为了发现营销问题的实质和产生的原因而进行的全面综合的检查。调研人员如果在与企业决策者沟通之前，已经就一些问题进行了讨论与分析，这将为和决策者接触及发现问题的潜在原因做好了准备。调研人员在与企业决策者进行访问时，可以将准备好的问题提出来，与决策者进行讨论。

调研人员与企业决策者共同进行问题分析包括以下几方面内容。

① 导致企业必须采取行动、进行决策转变的事件，或者问题的演变过程。例如，某产品销售在短期内突然出现市场份额的急剧下降。

② 针对以上问题，分析最可能的影响因素，提出决策者可以选择的不同措施。这些措施包括近期措施和长远措施。例如，产品市场份额短期内大幅下降，其主要原因是"产品陈旧""价格过高""消费者偏好发生转移"，还是"广告不新颖"等。

③ 企业决策者希望的市场情况是什么？

④ 评价有关新措施的不同选择标准。例如，对生产新的产品，可以用销售额、市场份额、盈利性、投资回报等标准进行评价。

⑤ 制定与新措施有关的企业文化。了解企业文化有利于市场调查工作的组织与实施、调查结论的提交。

通过发现潜在的问题可以对问题进行初步分析，极大地促进调查目标的确定。如果作为专业调查公司，由（企业）顾客单位中的一个或几个人充当联络员或与调查人员组成一个小组，将更有利于调查人员与决策者的接触。

调查人员与决策者沟通交流还要注意以下事项。

① 调查人员与决策者自由地交换意见是调查活动中是非常必要的。决策者应与调查人员相互合作、相互信任。

② 营销调研是一项群体活动，调研人员在和决策者的接触中，双方必须坦诚，不应有任何隐瞒，必须开诚布公。

③ 调研人员与决策者的关系必须友善、密切。决策者与调研人员应保持持续的接触而不只是偶尔的接触。

④ 作为专业的调查人员，与决策者的接触应具有创新性，而不能模式化。

（2）向专家咨询

作为专业调查公司的一员，在确定调查目标时，与决策者访谈告一段落后，紧接着就应该与对公司和产品制造非常熟悉的产业（行业）专家进行沟通和交流。专家是指有理论造诣、精通业务、富有实践经验、具有分析研究和判断能力的专门人才。这里所称的专家包括委托单位内部的专家和外部的专家，他们可以是学者、部门内各层次的管理者，以及在销售一线上的富有经验、精通业务的经营者。选择专家时要注意选择具有权威性的专家进行咨询，这样将有助于调查人员认识和把握管理决策问题。

在进行访谈的时候，调查人员一定要全神贯注，这些专家的知识与经验可以通过随意的个人交谈获得，因此，调查人员也无须制作正式的调查问卷。与专家见面之前，调查人员应该事先将访谈内容开列一个提纲，但是会见无须严格按照提前准备的题目顺序和问题进行，可以灵活地进行随机调整，只要达到获得专家信息的目的即可。和专家会面，只是为了界定调研问题，不应该希望马上就能找到解决问题的方法。

在市场调查业务活动中，有些人自称自己有知识并积极地希望参与，但他们未必是真正的专家（行家），要善于甄别专家，有选择地吸收其经验。因此，一般在进行专家访谈时，调查人员应该事先对专家的专业或行业背景进行调查，做到心中有数。此外，由于业务活动的需要，调查人员还有可能应该向委托单位以外的专家求助，但这样操作起来就比较困难，因此，必须通过熟人介绍或其他一些公关活动，使其接受访问。

与专家沟通交流的方法更多地适用于工业公司或为产品技术特性而进行的营销调研，这类专家相对比较容易发现和接近。这种方法也适用于在没有其他信息来源的情况下，对一个全新的产品进行调研。专家对现有产品的改造和重新定位可以提供非常有价值的建议。

（3）分析二手资料

分析二手资料对于界定调研问题非常必要。通常情况下，二手资料的收集是市场调查活动的开始，在此基础上才进行原始资料的收集。尽管二手资料的收集不可能提供特定调查问题的全部答案，但二手资料在很多方面都是有用的。

> **知识链接**　　　　　　　**什么是二手资料**
>
> 二手资料是指一些调查者已经根据特定的调查目的所搜集整理过的各种现成资料，所以又称次级资料，如报纸、期刊、经济或统计年鉴、文件、数据库、统计报表等。二手资料的收集常用文案调查法。文案调查法又称间接调查法，是指围绕一定的调查目的，通过查看、检索、阅读、购买、复制等手段，搜集并整理企业内部和外部现有的各种信息、情报资料，对调查内容进行分析研究的一种调查方法。
>
> 通常情况下，二手资料可以在公司内部、公共图书馆、大学图书馆或互联网上

获得。通过分析二手资料，调查者能够清楚地界定管理决策问题，为进一步确定市场调查问题提供帮助。调查者应该首先围绕调查目的确定所需资料范围。所考虑的资料范围越广，越有可能涵盖所有的资料来源，资料主题的认定也就越准确。资料目标确定以后，调查者就可以开始资料收集工作。一般情况下，调查人员首先会假设调查目标所需收集的资料都是存在的，尽管可能收集不到直接佐证调查目的的二手资料，但是通过有效的索引、目录或其他工具，就可以划定资料来源范围。这时，调查者就可以全神贯注地查找能够协助自己取得所需资料的各种辅助工具，包括书籍、期刊、官方文献资料的目录、索引、新闻报道等，从一般线索到特殊线索。

信息资料的来源渠道逐渐清晰后，调查人员就可以着手信息资料的收集工作。在收集资料时，根据先易后难的原则，二手资料的收集可以按以下程序内容进行。

首先，查找内部资料。专业的调查人员从内部资料获取信息是首先应该考虑的工作，因为这些资料收集成本较小，对外部资料的查找也会提供方向性的帮助。

其次，查找外部资料。在内部资料的收集过程中，调查人员可能会发现收集工作面临困境，如资料不完整、利用价值低、涵盖面有限等，这就需要调查人员去借助外部资料来满足资料收集要求。这时调查者可以去图书馆或一些专业资料室，根据调查的主题和项目，利用图书资料索引收集资料。也可以在互联网上进行资料搜索，通过网络搜索引擎，输入关键字，就会出现所有网上公开的信息，然后从中挑选使用。

再次，访问查找。在内部资料、外部资料查找的过程中，调查人员有时候发现有些资料具有较高的时效性、专业性和科学性，甚至有些资料整体的保密性较强。这时调查人员首先应该考虑替代资料，如果替代资料不易获取或者获取成本较高，就需要进一步地访问这些资料的来源地，如有关企业协会和统计机关。一般情况下，经过良好沟通，说明调查目的，遵循保密性原则，就可以从这些地方获取可信赖的资料信息。

最后，购买资料。通过以上措施所获得的二手资料如果还不能满足调查的需要，调查人员还可以去一些专门以出售信息资料赢利的市场上去购买调查所需的信息，如经济年鉴、统计年鉴、地方志、企业名录等面向社会公开发行的资料。

阅读资料　　　　　　　　**文献资料的收集方法**

参考文献查找法。参考文献查找法是指利用有关论文、著作、报告及相关的书籍等末尾所列出的参考文献的目录，或文中涉及的文献资料，进行文献资料查找的办法。

手工检索查找法。手工检索查找法是指运用适当的检索工具进行资料查找的一种方法。这些检索工具有目录（如产品目录、企业目录、行业目录等）、索引、文摘。在实践查寻中，调查人员除了检索工具的使用外，还可以按照作者名称、资料名称、资料排序、资料内容等途径进行查询。

计算机网络检索。计算机网络检索是指利用迅速发展起来的信息传输方式，通过上网查询可以获取大量的第二手资料。计算机网络检索方便、快速、费用低、信息量大、效率高，可以打破获取信息资料的时空限制，能提供完善、可靠的信息。随着计算机网络的逐渐普及，这种方法已被广泛应用。

情报互联网检索。情报互联网是指企业自己在某一范围内所设立的情报网络，用来收集市场情报、竞争情报、技术经济情报等。一般情况下，在重点市场上会设立比较固定的情报点，由专人负责或营销人员兼职。例如，著名的跨国汽车企业在我国的北京、上海和广州这些汽车消费一线城市都设有代表处，这些代表处就兼有情报信息搜寻的职能。

调查人员在实际调查中，由于二手资料种类繁多，所以对其整理、分析是事关二手资料能否充分利用的一项重要工作。这个环节的工作应有以下基本要求：围绕调查的目的和内容，根据资料的来源，结合适当的收集方法做到去伪存真、去粗取精，从众多资料中将对调查目的有价值的资料选取出来，去除那些不确切、有限制的资料。具体可以这样做：在事先划定的资料清单或分析计划的基础上，调查人员运用恰当的统计方法，也可以制成图表以利于对比分析。值得注意的是，对于一些关键资料一定要多方考证，以证明其翔实无误。

（4）定性调查

定性调查是指以小样本为基础的、探索性的调查研究方法，其目的是为了进一步明确企业存在的问题。当从决策者、有关专家和二手资料的来源所获得的信息仍不足以确定决策问题时，就有必要进行定性调查。定性调查没有固定格式，具体的调查方式也是灵活多样的，具有一定的探索性，主要用来发现问题，寻找机会，解决"可以做什么"的问题。这种调研方法以少量样本为基础，经常采用的调研手段包括：召开小型座谈会或专家座谈会，让大家畅所欲言；与被访问者语言沟通（询问被调查者对刺激性语言的第一反应）及深层次会见（面对面地会见以详细了解被调查者的想法）等。有时也采用其他的探索性调研手段，如对少量被调查者进行实验性调研，尽管在这个阶段进行的调研并不正式，但能提供很有价值的信息。从定性调研中获得的信息，结合与决策者的交谈，与产业专家会见及对第二手资料的分析，就能够使调研者充分了解问题的内容。

通过对问题的背景进行分析，运用探索性调查方法理解决策问题后，调查人员所做的下一步工作就是准确地将管理决策问题转化为市场调查问题。

三、将管理决策问题转化为市场调查问题

（1）需要区分管理决策问题和市场调查问题

企业的管理决策问题是指决策者需要做什么的问题，它关心的是"决策者可以采取什么样的行动"。例如，决策者如何才能收回失掉的市场份额，市场是否可以细分为不同的部分，决策者是否应该投放一种新产品、是否应该增加促销预算等；而市场调查的问题是以信息为中心的，关心的是"需要什么信息帮助解决管理决策问题，为下

扫一扫

快递服务满意度
调查

一步确定具体的调查内容指明方向"。

（2）考虑如何将管理决策问题转换为市场调查问题

读者可以通过表 1-1 了解管理决策问题是如何转化为市场调查问题的。

表 1-1   企业管理决策问题转化为市场调查问题

企业管理决策问题	市场调查问题
是否开发、引进新的产品	确定消费者的偏好及购买倾向
是否调整产品的定价	确定产品的价格弹性及价格变动对企业经营的影响
是否改变目前的广告	确定目前广告的效果
是否为产品改变包装	改变包装后的效果测评与分析
增加店铺的客流量	目前的店铺形象测评；影响客流量的因素分析
……	……

表 1-1 所涉及的管理决策问题具有一定的概括性，但不够具体，所以转化出的市场调查问题可能不够充分，由于在实践中，企业所面临的决策问题及市场调查问题均非常复杂，所以读者可以结合实际案例进行思考、补充。

一般来说，管理决策问题向市场调查问题转化可以按照以下几个步骤进行：

① 提出问题的轮廓或征兆；

② 分析引发问题的原因；

③ 列出解决问题的途径；

④ 建立某种解决途径的假设；

⑤ 确认信息的需求；

⑥ 确定市场调查问题。

实务借鉴　　　　**管理决策问题转化为市场调查问题**

某企业产品出现了明显的销售滑坡迹象，企业决策层与调查公司通过分析认为销售滑坡的可能原因如下：市场上同类产品的销售价格有所下降；竞争对手开发低端产品抢占了一部分市场份额。

基于上述分析，企业决策层列出了解决问题的方案，包括调整现有产品、引入新产品、下调产品的价格、加强广告促销力度等。调查人员通过与公司决策层进行交流讨论初步达成共识，决定降低产品的价格以吸引更多的消费者。

当然，决策层做出这么一个决策是否正确，产品价格下调幅度以多大为宜，产品价格下调后是否能增加产品的销售额，这些问题只有通过市场调查来寻求答案。

最终，调查人员与决策者确定的市场调查问题是调查市场上同类产品的定价、消费者可接受的价格范围、价格变动后对销售量的影响等。

1.2.2　确定市场调查目标

经过前面的学习，在掌握相关知识的基础上，相信你一定已经会将市场问题界定清楚，而且也知道了企业进行市场调查的意义以及决策层想获得什么样的信息，同时，你也知道了该怎样回答以下 3 个问题。

客户为什么要进行调查？——即调查的意义。

客户想通过调查获得什么信息？即调查的内容。

客户利用已获得的信息做什么？即通过调查所获得的信息能否解决客户所面临的问题。

调查目标的确定是一个从抽象到具体、从一般到特殊的过程。调查者首先应限定调查的范围，找出企业最需要了解和解决的问题；然后分析现有的与调查问题有关的资料，如企业销售记录、市场价格变化等。在此基础上明确本次调查需要重点收集的资料，最后再写出调查目标和问题的说明。例如，零售商店在最近 6 个月销售额同比下降了 20%，这种下降可能是由于竞争加剧引起的，也可能是营销策略制定不当所致。如果是后者，则需要说明是哪项策略，具体原因是什么。

调查人员通过与企业决策者的沟通、与产业专家的交流，进行了二手资料分析，了解了营销问题背景的一系列工作，这些实际上是我们对企业做了一个摸底调查。在此基础上，可以根据项目要求设立调查假设，或形成某种思路。假设是未经实践充分检验的理论，它是调查目标和理论模型之间的中间环节，是建立和发展科学理论的桥梁。调查者可以根据所提出的假设确定自己的调查方向，进行有目的的、有计划的观察和实践。

在此基础上，调查人员可以从容地确定调查目标了。

重要概念　　　　　　　　市场调查目标

市场调查目标是指调查人员通过对企业经营管理问题的分析，最终形成对这些问题实质的客观认识。这些认识要求市场调查提供对经营决策有用的信息，即企业想了解什么，了解了调查结果后有什么用，调查的重点是什么等。按照企业的不同需要，市场调查目标会有所不同。

一、确定市场调查目标注意事项

（1）不要将调查目标定得太大

在业务实践中，确定调查目标时，有的调查研究人员生怕漏掉什么，常常把目标定义得太宽，太宽的定义无法为调查的后续工作提供明确的方向。例如，研究品牌的市场营销战略，改善公司的竞争位置，改进公司的形象等，这些问题都不够具体，因而无法提示解决问题的途径或方案设计的途径。

（2）不要将调查目标定得太窄

在业务实践中，确定调查目标时，有的调查研究人员将目标定义得太窄，这就会使得决策者根据调查结果做决策时缺乏对市场情况的全盘把握，甚至导致决策的失败。例如，在一项为某消费品公司进行的调研中，管理决策问题是如何对付某竞争对手发动的降价行动。由此研究人员确定的备选行动路线为：采取相应的减价策略以适应该竞争者的价格；维持原价格但加大广告力度；适当减价，不必与竞争者相适应，但适当增加广告量。

实际上，这些目标太具体，以至于成了备选行动，而这些备选的行动可能都没有什么希望。研究人员后来将调查目标重新定义为：如何提高市场占有率，增加系列产品的利润。研究人员通过定性研究得出结果表明：在双盲试验中，消费者不能区分不同品牌的产品，而且，消费者将价格看作指示产品质量的一个因素。这些发现就导出了另一个有创造性的备选行动路线：提高现有品牌价格的同时引进两个新品牌，一个品牌的价格与竞争者相适应，另一个品牌将价格降得更低一些。

（3）正确定义调查目标

调查人员为了减少定义目标时常犯的两类错误的出现，可以先将调研目标用比较宽泛的、一般性的术语来陈述，然后确定具体的研究提纲。比较宽泛的陈述可以为问题提供较开阔的视角，以避免出现第二类错误，而具体的研究提纲集中了问题的关键方面，从而可以为如何进一步操作提供清楚的指引路线。

二、建立市场调查假设

为加强调查的目的性，调查人员可事先提出假设，即先给出调查的观点，然后寻找材料加以说明。例如，一些零售商根据现有的材料，可提出如下假设：一是商店销售额下降是因为竞争对手的增加、顾客的分流所致，企业的营销策略无问题；二是商店销售额下降是因为产品定价太高，周围顾客购买力水平低造成的，竞争对手不是主要因素。依据假设进行调查，是探索性调查经常采用的方法，它可以使调查者抓住重点，提高效率。

为使调查的目标更加明确和集中，企业也可以事先组织一次试调查，即依据现有的资料和所做的假设进行试验性的访问调查。具体做法是调查组织者与一些有经验的调查人员一起到某个地区，按判断抽样法选取部分调查对象，与他们进行面对面的交谈，然后参照面谈记录，对调查目标进行修正，进一步明确调查问题的性质和特征。

实务借鉴　　　　　　　　**某公司确立调查目标**

某公司制造产品多年，过去一直受政策保护，经营十分顺利，营业额节节上升，收益率尚佳。自2011年以来，由于市场国际化、消费者消费习性多元化，致使该公司在既有产业的市场竞争上节节败退。加之，现存经营包袱颇重，经营上的压力上升，该公司除积极地进行总体经营体制改善，提高市场竞争力之外，更积极寻求企业经营多元化，为企业发展寻找新契机。

该公司在众多计划中，几经选择，将"土地有效开发利用"列为优先计划。可是土地有效开发的途径很多，诸如土地出售、兴建大楼出售、发展游乐产业、兴建大型购物中心等。

该公司在某大都会区附近拥有的大量土地已列入都市计划，现在，该公司最高管理层决定在该土地上建造"大型购物中心"：第一，配合未来消费者购买习性多元化；第二，营业行为可产生可观的现金流量，增加该公司营运周转能力；第三，继续保持土地所有权，取得土地增值之利。在最后决策之前，该公司决定进行一次

"大型购物中心的市场调查",以帮助最高决策层做出选择。

因此,大型购物中心的市场调查目标重点在于:

(1)通过消费者调查,认识理想的大型购物中心的形态;

(2)产品重点即服务重点,以便产生服务业经营差异化效果。

一试身手

试着寻找一些营销问题确立市场调查的目标,并与同学讨论,征询老师意见,看是否确切、可行。

1.2.3 制订市场调查方案

重要概念　　　　　　　　　　市场调查方案

市场调查方案,是根据调查研究的目的和调查对象的性质,在进行实际调查之前,对调查工作总任务的各个方面和各个阶段进行的总体考虑和安排,提出相应的调查实施方案,制定出合理的工作程序,以指导调查实践的顺利进行。

在明确了市场调查的性质和功能后,市场调查人员可以开始制订调查方案。在制订市场调查方案时,调查人员应该做整体构思,确定市场调查方案的内容及编写。市场调查方案指在正式调查之前,调查人员根据市场调查的目的和要求,对调查的各个方面和各个阶段所做的通盘考虑和安排。不同项目的调查方案其格式有所区别,但一般均包括:前言、调查的目的和意义、调查的主要内容和具体项目、市场调查对象和调查范围、调查采用的方法、资料分析的方法、调查时间的进度安排、经费预算、调查结果的表达、附录等。

市场调查方案的总体设计过程如图1-2所示。

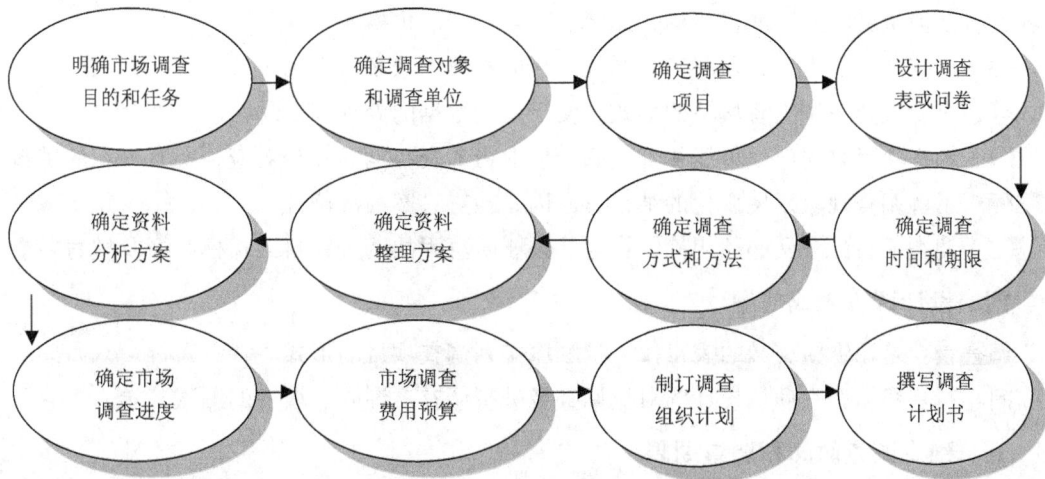

图1-2　市场调查方案总体设计

一、确定调查的目的和任务

课题背景：问题由来，背景交代。

调查目的：指调查课题所要解决的问题，即为何要调查，调查结果有什么用处。

调查任务：指在调查目的既定的条件下，市场调查应获取哪些方面的信息才能满足调查的要求。

二、确定调查对象和调查单位

调查对象：一定时空范围内所要调查的总体，它是由客观存在的具有某一共同性质的许多个体单位所组成的整体。

调查单位：调查总体中的各个个体单位，它是调查项目的承担者或信息源。确定调查对象和调查单位应注意以下几个问题。

（1）必须严格规定调查对象的含义和范围。

（2）调查单位的确定应根据调查的目的和对象而定。

（3）调查单位和填报单位是两个不同的概念。调查单位是调查项目的承担者，填报单位是负责填写和报送调查资料的单位，两者有时一致，有时不一致。

（4）调查单位的确定取决于调查方式的约束。

三、确定调查项目

调查项目就是向调查单位调查的内容及具体项目。确定调查项目应注意以下几点。

（1）调查项目的确定既要满足调查目的和任务的要求，又要能够取得数据，包括在哪里取得数据和如何取得数据，凡是不能取得数据的调查项目应舍去。

（2）调查项目应包括调查对象的基本特征项目，调查课题的主体项目（回答是什么）、调查课题的相关项目（回答为什么）。

例如，消费者需求调查，基本项目包括年龄、性别、职业、行业、文化程度、家庭人口、居住地等；主体项目包括为何买、买什么、买多少、在哪里买、由谁买、何时买等要素；相关项目包括消费者收入、消费结构、储蓄、就业、产品价格等。

（3）调查项目的表达必须明确，调查项目的答案选项必须有确定的形式，如数值式、文字式等，以便被统一调查者填写的形式，便于调查数据的处理和汇总。

（4）调查项目之间应尽可能相互关联，使取得的资料能够互相对应，具有一定的逻辑关系，便于了解调查现象发展变化的结果、原因，检查答案的准确性。

（5）调查项目的含义必须明确、肯定，必要时可附加调查项目或指标解释及填写要求。

四、设计调查表或问卷

调查表：是用纵横交叉的表格按一定顺序排列调查项目的形式。

问卷：是根据调查项目设计的对被调查者进行调查、询问、填答的测试试卷。

五、确定调查时间和调查期限

调查时间：是指调查资料的所属时间。调查时期现象（收入、支出、产量、产值、销售额、利润额等流量指标）时，应确定数据或指标的起止时间；调查时点现象（期末人口、存货、设备、资产、负债等存量指标）时，应明确规定统一的标准时点（期初、期末或其他时点）。

调查期限：是指整个调查工作所占用的时间，即一项调查工作从调查策划到调查结束的时间长度。

六、确定调查方式和方法

市场调查方式是指市场调查的组织形式，通常有市场普查、重点市场调查、典型市场调查、抽样市场调查、非概率抽样调查等。调查方式的选择应根据调查的目的和任务、调查对象的特点、调查费用的多少、调查的精度要求做出选择。

市场调查方法是指在调查方式既定的情况下搜集资料的具体方法，通常有观察法、访问法、实验法、网络调查法、文案调查法等。市场调查方法的确定应考虑调查资料搜集的难易程度、调查对象的特点、数据取得的源头、数据的质量要求等做出选择。

例如，商场顾客流量和购物调查，通常采用系统抽样调查的组织方式，即按日历顺序等距抽取若干营业日调查顾客流量和购物情况，而搜集资料的方法主要有顾客流量的人工计数或仪器记数、问卷测试、现场观察、顾客访问、焦点座谈等。

七、确定资料整理的方案

应对资料的审核、订正、编码、分类、汇总、陈示等做具体的安排。大型的市场调查还应对计算机自动汇总软件的开发或购买做出安排。

八、确定分析研究的方案

应对分析的原则、内容、方法、要求、调查报告的编写、成果的发布等做出安排。

九、确定市场调查的进度安排

市场调查进度一般可分为以下几个小阶段。

（1）总体方案的论证、设计。
（2）抽样方案的设计、调查实施的各种具体细节的规定。
（3）问卷的设计、测试、修改、定稿。
（4）问卷的印刷、调查者的挑选和培训。
（5）调查组织实施。
（6）调查数据的整理（计算机录入、汇总与制表）。
（7）统计分析研究。
（8）调查报告的撰写、修订与定稿。
（9）调研成果的鉴定、论证、发布。
（10）调研工作的总结。

十、市场调查经费预算

调查经费预算一般需要考虑如下几个方面。

（1）总体方案策划费或设计费。
（2）抽样方案设计费（或实验方案设计）。
（3）调查问卷设计费（包括测试费）。
（4）调查问卷印刷费。

（5）调查实施费（包括选拔、培训调查员，试调查，交通费，调查员劳务费，管理督导人员劳务费，礼品或谢金费，复查费等）。

（6）数据录入费（包括编码、录入、查错等）。

（7）数据统计分析费（包括上机、统计、制表、作图、购买必需品等）。

（8）调研报告撰写费。

（9）资料费、复印费、通信联络等办公费。

（10）专家咨询费。

（11）劳务费（公关、协作人员劳务费等）。

（12）上交管理费或税金。

（13）鉴定费、新闻发布会及出版印刷费用等。

（14）机动费用。

十一、制订调查的组织计划

调查的组织计划主要包括调查的组织领导、调查机构的设置、调查员的选择与培训，课题负责人及成员，各项调研工作的分工等。企业委托外部市场调查机构进行市场调查时，还应对双方的责任人、联系人、联系方式做出规定。

十二、编写市场调查策划书

市场调查策划书的构成要素包括标题、导语（或摘要）、主体和附录等。主体部分包括以上 11 个方面的内容。附录主要包括调研项目负责人及主要参加者，抽样方案及技术说明，问卷及有关技术说明，数据处理所用软件、图表等。

知识链接　　　　　　　一手资料与二手资料

（1）一手资料又称为原始资料，是指调查人员通过现场实地调查所搜集的资料。其特点是：针对性强，适用性好，但成本较高。一手资料的调查方法主要有询问法、观察法、实验法。

① 询问法是以询问的方式作为收集资料的手段，主要包括个人访问、小组访问、电话调查和邮寄调查 4 种形式。

② 观察法是指调查人员直接到调查现场进行观察的一种调查收集资料的方法。其优点是可以比较客观地收集资料，直接记录调查事实和被调查者在现场的行为，调查结果更接近实际。缺点是观察不到内在因素，调查时间长。该方法主要包括直接观察、店铺观察和实际痕迹测量 3 种形式。

③ 实验法是指从影响调查问题的许多因素中选出一个或两个因素，将它们置于一定条件下进行小规模的实验，然后对实验结果做出分析，研究是否值得大规模推广。其优点是可获得较正确的原始资料。缺点是实验市场不易选择，干扰因素多，时间长、成本较高。该方法主要包括产品包装实验和新产品销售实验两种形式。

（2）二手资料又称为间接资料，是他人为某种目的已经加工整理好的资料。其特点是获取成本低，时间短，但适用性较差。二手资料主要调查以下内容。

---

① 企业内部资料（包括内部各有关部门的记录、统计表，报告，财务决算，用户来函等）。

② 政府机关、金融机构公布的统计资料。

③ 公开出版的期刊、文献杂志、书籍、研究报告等。

④ 市场研究机构、咨询机构、广告公司所公布的资料。

⑤ 行业协会公布的行业资料、竞争企业的产品目录、样本、产品说明书及公开的宣传资料。

⑥ 政府公开发布的有关政策、法规、条例规定以及规划、计划等。

⑦ 推销员提供的情报资料。

⑧ 供应商、分销商以及企业情报网提供的信息情报。

⑨ 展览会、展销会公开发送的资料。

1.2.4 撰写市场调查策划书

一、市场调查策划书的结构

市场调查策划书一般由项目负责人编写，大致包括以下内容。

（1）封面

封面一般包括策划书的题目、策划单位、项目负责人、完成时间及使用时间段、制作人等。策划书的封面要简洁、有特色，可以做适当的修饰，但要不失稳重。

（2）目录

目录包括策划书中各部分内容的标题及其对应的页码。

（3）正文

正文是策划书的主体。根据具体的研究目的和要求，策划书的内容编制可以有所调整。

① 摘要。摘要应对项目中有关要点和特点进行高度概括，并提出研究的意义。

② 背景。背景应介绍要解决问题的背景及来龙去脉，主要的历史资料。

③ 研究目的。研究目的是阐明此项研究要达成的目标，通过研究能获得的经济效益或社会效益，或是重大的理论研究意义。

④ 研究问题的方式方法。调查人员在调查中所应用的方式方法及主要特征以及选择该研究方法的原因。

⑤ 研究的内容和范围。根据调查的目的和要求确定研究的内容与范围，规定将要获取的信息，列出调查的主要问题与有关的理论假设，明确调查单位和调查对象等。

⑥ 时间、进度和预算。细化各项程序，详细列出每一阶段的进度、所需配备人员、费用和时间安排等。

⑦ 提交结果的方式。详细说明提交研究结果的方式，如是否有阶段性的研究成果、研究结果最后提交的形式等，一般以书面调查报告的形式展示。

策划书的正文大致由以上几项构成。调查的目的不同，环境不同，企业的产品不同，策

划书的编制也会有详略取舍的不同。

（4）附录

附录是对主体部分的补充说明，一般包括原始问卷资料，参加者的名单、专业特长和在该项目中的分工与职责，各项技术方法的说明、关键数据的计算分析说明，所用软件、图表、案例等。附录一般都按照一定顺序进行编号，在正文的后面，做补充说明。

二、市场调查策划书的要求

（1）可操作性

调查策划书是市场调查活动的指南，既要有一定的理论指导意义，又要有较强的可操作性。如果设计太空泛、指向性不明，内容抽象，可操作性较差，就失去了其应用的价值。

扫一扫

市场调查策划书

（2）系统性

制定市场调查策划书，是对调查活动的全局性和规划性的安排，包括调查工作的整体框架，全面地统领调查工作的全局。

（3）针对性

调查策划是调查者在一定的研究背景下为解决具体问题而制定的，所以必须要有针对性，"对症下药"。例如，针对不同的调研背景，提出不同的调查目的和内容；针对不同调查项目的不同特点，选择相应的调查方式和方法等。

扫一扫

市场策划方案案例

（4）简明性

策划书的撰写，语言要简练、明确、清晰、质朴，重点突出，避免使用文学描述性的语言和代名词，避免语言文字太抽象、太模糊、有歧义、冗长等现象，能让人清楚地了解调查的意义与内容，避免因对策划书的误解而造成不应有的浪费和损失。

知识链接　　　　**市场调查策划书的评价标准**

（1）调查与预测主题的界定是否清晰，有无歧义。

（2）策划书的设计是否体现了研究的目的和主题。

（3）调查方法的选择是否科学、可行。

（4）各阶段的设计是否详细，便于操作。

（5）时间、进度、经费预算是否合理，具有弹性。

（6）是否考虑了不可预见的因素。

（7）能否使调研质量有所提高。

实训 2

撰写市场调查方案

实训目的：培养学生进行市场调查策划、撰写市场调查方案的能力。

实训要求：

1. 划分学习小组，让学生在高教园区的大学校园内，进行一项大学生对手机品牌满意度的调查活动。

2. 每一小组按照调查的目的和要求制订市场调查方案，按照方案开展调查活动。

3. 每一个小组提交一份市场调查方案。

4. 分组讨论并分析每一组的市场调查方案及实施中存在的问题，并进行评价。

任务 1.3 | 设计市场调查工具

👆 任务提示

> 调查人员通过原始资料和二手资料的收集，明确了我们的调查方向，也找出了问题所在，但是想要深入了解形成问题的原因或一些细节，就要采取实地调研的方式。在实际工作中，有时由于人员、物力、财力、时间、管理等方面的限制，调查人员需要设计和选择合适方法及市场调查工具。

1.3.1 确定调查抽样方框

> ☂ **重要概念** **抽样调查**
>
> 抽样调查是一种非全面调查，它是从全部调查研究对象中，抽选一部分单位进行调查，并据以对全部调查研究对象做出估计和推断的一种调查方法。显然，抽样调查虽然是非全面调查，但它的目的却在于取得反映总体情况的信息资料，因而，也可起到全面调查的作用。

一、明确抽样单位

实际调查中用到的抽样单位一般就是个体、家庭企业。态度、观念的调查一般以个人为单位进行；日用品的消费调查、节目收视率的调查等一般以家庭为单位进行；政府组织或行业协会为了了解企业及行业的发展情况，把握企业及行业未来的发展趋势、经济形势的变化等一般以企业为单位进行调查。

二、描述调查对象

在明确了抽样单位以后，调查人员就有必要把抽样单位中的调查对象根据调查的目的，很好地描述出来或按照一定的特征或属性进行划分，缩小抽样单位的范围，便于操作。例如，调查汽车消费者，明确的描述为在过去 12 个月中购买了新汽车的消费者。在以个体为调查对象时，调查人员根据调查的目的经常以年龄、性别、职业、收入、社会地位等来描述调查对象。

三、建立抽样框

抽样框又称"抽样框架"或"抽样结构"，是指对可以选择作为样本的总体单位列出名册或排序编号，以确定总体的抽样范围和结构。设计出了抽样框后，可采用抽签的方式或按照随机数表来抽选必要的单位数。若没有抽样框，则不能计算样本单位的概率，从而也就无法进行概率选样。好的抽样框应做到完整而不重复。

市场调查中，有些调查抽样框的资料是现成的，如大学学生花名册、城市黄页里的电话列表、工商局注册的企业名录及档案、街道派出所里居民户籍册、意向购房人信息册等；有些调查抽样框的资料则不是现成的，在没有现成的抽样框可以利用的情况下，就需要自建，可由调查人员自己编制。应该注意的是，调查人员在利用现有的名单作为抽样框时，要先对该名录进行检查，避免有重复、遗漏的情况发生，提高样本对总体的代表性。例如，要从 10 000 名职工中抽出 200 名组成一个样本，则 10 000 名职工的名册，就是抽样框。

四、根据调查的精度要求确定样本量

在抽样技术方案设计中，调查人员为了控制抽样误差，确定必要的样本量，必须预先提出和明确主要指标的抽样精确度。影响样本量大小的因素主要有以下几种。

（1）总体的数目。总体数目越大，样本的数目也应越大。

（2）抽样误差。抽样误差要求越小，样本数目越多。

（3）资源条件。调查需要明确调查经费、时间精度等要求。手上被赋予的资源充裕，样本数目可以适当地增加。

> **即问即答**
>
> 样本容量是否影响估计的精度，是不是样本容量越大越好？
>
> 答：市场调查中，样本容量的大小直接影响到估计的精度，增加样本容量会提高估计的精度。但增加样本容量也会使调查费用及使用资源增加，样本容量大固然在精度上能满足要求，但可能会造成资源的浪费，所以，样本容量并不是越大越好。

五、选择抽样方法

根据抽选样本的方法，抽样调查可以分为概率抽样和非概率抽样两类。概率抽样是按照概率论和数理统计的原理从调查研究的总体中，根据随机原则抽选样本，并从数量上对总体的某些特征做出估计推断，对推断出可能出现的误差可以从概率意义上加以控制。我国，习惯上将概率抽样称为抽样调查。

（1）概率抽样

① 简单随机抽样。简单随机抽样法是从总体中选择出抽样单位，从总体中抽取的每个可能样本均有同等被抽中的概率。简单随机抽样的特点是每个样本单位被抽中的概率相等，样本的每个单位完全独立，彼此间无一定的关联性和排斥性。

简单随机抽样是最基本的抽样方法，也是理论上最符合随机原则的抽样方法。简单随机抽样分为重复抽样和不重复抽样。重复抽样，每次抽中的单位仍放回总体，样本中的单位可

能不止一次被抽中。不重复抽样，抽中的单位不再放回总体，样本中的单位只能抽中一次。社会调查采用不重复抽样。

简单随机抽样具体可以使用抽签法和随机数字表法。

- 抽签法。调查总体中个体数目较少的情况下，选用这种方法。把抽样框中的每一个抽样单位都编上号码，混合后从中随机抽取一部分，这部分号码对应的个体就组成了样本。

- 随机数字表法。将总体所有单位编号，然后从随机数字表中一个随机起点（任一排或一列），开始从左向右或从右向左、向上或向下抽取，直到达到所需的样本容量为止。

简单随机抽样必须有一个完整的抽样框，即总体各单位的清单。总体太大时，制作这样的抽样框工作量巨大，加之有许多情况，使总体名单根本无法得到。故在大规模社会调查中很少采用纯随机抽样。

② 分层抽样。分层抽样先将总体的单位按某种特征分为若干次级总体（层），然后再从每一层内进行单纯随机抽取所需数量的个体单位，组成一个调查样本。分层可以提高总体指标估计值的精确度，可以将一个内部变异很大的总体分成一些内部变异较小的层（次总体）。每一层内个体变异越小越好，层间变异则越大越好。分层抽样比单纯随机抽样所得到的结果准确性更高，组织管理更方便，而且它能保证总体中每一层都有个体被抽到。这样除了能估计总体的参数值，还可以分别估计各个层内的情况，因此分层抽样技术常被采用。

例如，一个单位的职工有 500 人，其中不到 35 岁有 125 人，35 岁至 49 岁的有 280 人，50 岁以上的有 95 人。为了了解这个单位职工与身体状况有关的某项指标，要从中抽取一个容量为 100 的样本。由于职工年龄与这项指标有关，决定采用分层抽样方法进行抽取。因为样本容量与总体的个数的比为 1 : 5，所以在各年龄段抽取的个数依次为 125/5，280/5，95/5，即 25，56，19。

③ 系统抽样。系统抽样也称为等距抽样，它是首先将总体中各单位按一定顺序排列，根据样本容量要求确定抽选间隔，然后随机确定起点，每隔一定的间隔抽取一个单位的一种抽样方式。它是纯随机抽样的变种。在系统抽样中，调查人员应先将总体从 $1 \sim N$ 相继编号，并计算抽样距离 $K=N/n$。式中 N 为总体单位总数，n 为样本容量，K 为抽样距离。然后在 $1 \sim K$ 中随机抽取，样本区间为 K，直至抽够 n 个单位为止。

系统抽样简单方便，省去了一个个抽样的麻烦，适用于大规模调查，还能使样本均匀地分散在调查总体中，不集中于某些层次，增加了代表性。但系统抽样要防止周期性偏差，因为它会降低样本的代表性。

④ 分群抽样。分群抽样也称整群抽样、聚类抽样，是将总体中各单位归并成若干个互不交叉、互不重复的集合，称之为群；然后以群为抽样单位抽取样本的一种抽样方式。应用整群抽样时，要求各群有较好的代表性，即群内各单位的差异要大，群间差异要小。整群抽样的优点是实施方便、节省经费；整群抽样的缺点是由于不同群之间的差异较大，由此而引起的抽样误差往往大于简单随机抽样。

分群抽样常用于两种情况：第一，调查人员对总体的组成很不了解；第二，调查人员为省时省钱而把调查局限于某一地理区域内。例如，对淮安市的家庭进行调查，可以把淮安市按行政区域分为淮阴区、清河区、清浦区、开发区、楚州区等几个群体，或将各个区进一步按居委会分群，抽取所需样本数进行调查。

整群抽样与分层抽样在形式上有相似之处，但实际上差别很大。分层抽样要求各层之间的差异很大，层内个体或单元差异小，而整群抽样要求群与群之间的差异比较小，群内个体或单元差异大；分层抽样的样本是从每个层内抽取若干单元或个体构成的，而整群抽样则是要么整群抽取，要么整群不被抽取。

即问即答

随机抽样（概率抽样）的特点有哪些？

答：抽取样本时遵循随机原则；由样本从数量上去认识总体；抽样估计的准确度和可靠程度可以测定并控制。

（2）非概率抽样

在简单而不需要计算误差精度的市场调查中，调查人员常使用非概率抽样。非概率抽样是指从调查对象总体中按调查者主观设定的某个标准抽取样本单位的调查。这种方法虽然在样本的抽取上带有主观性，会对总体推断的可靠程度产生影响，但由于其简便易行，可及时取得所需资料，因此在市场调查中也常被采用。非概率抽样主要有以下几种。

① 任意抽样。任意抽样又称为方便抽样，是为了能及时取得所需调查资料，调查人员在节约时间和费用的情况下采用的一种方法，即根据调查者的方便与否来抽取样本的一种抽样方法。例如，在商店门口、街头路口、车站码头、公园广场等公共场所，随便选取某些顾客、行人、旅客、观众等作为样本进行调查研究。这种方法比较简单方便，适用于探索性市场调查，但样本的代表性较差，具有很大的偶然性。

② 判断抽样。如果调查总体中各调查单位差异较小，调查单位比较少，选取的样本有较大的代表性时选用判断抽样。判断抽样是根据熟悉有关特征的某个调查人员的判断来抽取样本，即由熟知总体特征的人来判断选择他认为最合适作为某项调查的样本成员。

③ 配额抽样。配额抽样也称定额抽样，即调查者首先确定所要抽取样本的数量，再按照一定的标准和比例分配样本，然后从符合标准的对象中任意地抽取样本。如果要保证总体的各个类别都能包括在所抽样本之中，并且与其他几种非概率抽样方法相比，样本具有很高的代表性要求时可以采用这种方法。其方法类似于分层随机抽样，但它不是按照随机原则抽取样本。例如，我们可以根据研究目的，把总体按性别、民族等变量进行分组，然后分配相应的样本数选取样本。

④ 滚雪球抽样。滚雪球抽样即以少量样本为基础，逐渐扩大样本的规模，直至找出足够的样本。此法适用于对调查总体不甚清楚的情况，常用于探索性的实地研究，特别适用于对小群体关系的研究。例如，我们要了解某个人经常交往的社会圈子，就可以通过这个人提供的线索找到更多与他有关联的人。其具体做法是，先找到一个或几个符合研究目的的对象，然后再根据这些对象所提供的线索找另外相关的对象，依次进行，直至达到研究目的。但滚雪球抽样法所选择的样本有时会有很大的随意性和特殊性，因而代表性不高。

即问即答

非随机抽样（非概率抽样）与随机抽样（概率抽样）的根本区别是什么？非随机抽样（非概率抽样）的特点有哪些？

答：非随机抽样（非概率抽样）与随机抽样（概率抽样）的根本区别在于样本抽取是否遵循随机原则。非随机抽样（非概率抽样）的特点：抽样过程的主观性；误差的不可测性；简便易行。

六、计算样本统计值

在经过抽样之后，调查人员对具体的样本单位进行实地调查。收集到样本的具体数据后，还要对数据资料进行整理和分析，最后计算出样本的统计值。

七、推断调查总体的参数值

统计推断是抽样调查的最后一步工作，是对总体认识的过程，也是抽样调查的最终目的。在用样本统计值推断总体参数值时，调查人员要根据概率论的有关理论，对推断的可靠程度加以控制。

扫一扫

走进中国统计视频

知识链接　　　　　　与抽样调查相关的专业术语

1. 总体、个体

总体是指所要调查对象的全体。它是根据一定研究目的而规定的所要调查对象的全体所组成的集合，组成总体的各研究对象称之为总体单位。例如，要调查淮安市有多少家庭拥有苹果 iPad，那么调查总体就是淮安市的所有家庭。总体单位简称个体，总体中的每一个考察对象就是个体。

2. 样本、样本容量

样本是总体的一部分，是实际的调查对象，它是由从总体中按一定程序抽选出来的那部分总体单位所组成的集合。例如，伊春市某银行有 10 万名职工，从中抽取 1 000 名进行生活情况的调查，这 1 000 名职工就构成样本。样本中个体的数量叫作样本的容量。

3. 抽样、抽样单位

抽样指的是从组成某个总体的所有元素的集合中，按一定的方式选择和抽取一部分元素（即抽取总体的一个子集）的过程。或者说，抽样是从总体中按一定方式选择或抽取样本的过程。抽样单位就是我们可以单独从总体中抽取出来的基本单位。出于方便抽样的考虑，我们将总体划分为若干个互补重叠的部分，每个这样的部分就是一个抽样单位，这种划分是人为的划分。抽样方法不同，抽样单位也就不同，既可以以一个分析单位为抽样单位，也可以以一个群体为抽样单位。例如，从20 万名职工中抽取 1 000 名，就有不同的抽样方法。如果 20 万名中直接抽取 1 000

名，就是以分析单位——个人作为抽样单位。但如果 20 万名职工分布在 2 000 家企业中，平均每个企业大约 100 名，我们就可以从 2 000 家企业中抽取 10 家企业，以 10 家企业中的 1 000 名职工作为样本，这样的话抽样单位就是企业了。

4. 抽样框

抽样框又称抽样范畴，是从中抽取样本的抽样单位名单，用以代表总体，并从中抽选样本的一个框架。其具体表现形式主要有包括总体全部单位的名册、地图等。抽样框在抽样调查中处于基础地位，是抽样调查必不可少的部分，其对于推断总体具有相当大的影响。上述第一种方法，抽样框是 20 万名职工的名单；第二种方法，抽样框是 2 000 家企业的名单。

5. 参数值、统计值

参数值是关于总体中某一变量的综合指标，在统计中最常见的参数值是某一变量的平均值。统计值是关于样本中某一变量的综合描述，它是相应的总体值的估计量。

6. 置信度

置信度也称为可靠度，或置信水平、置信系数，即在抽样对总体参数做出估计时，由于样本的随机性，其结论总是不确定的。因此，采用一种概率的陈述方法，也就是数理统计中的区间估计法，即估计值与总体参数在一定允许的误差范围以内，其相应的概率有多大，这个相应的概率称作置信度。

7. 抽样误差

在抽样调查中，调查人员通常以样本作出估计值对总体的某个特征进行估计，当二者不一致时，就会产生误差。因为由样本做出的估计值是随着抽选样本的不同而变化的，即使观察完全正确，它和总体指标之间也往往存在差异，这种差异纯粹是抽样引起的，故称之为抽样误差。

即问即答

抽样调查中是否一定存在抽样误差，能否控制？

答：抽样调查中一定存在抽样误差，抽样误差是客观存在和不可避免的，但抽样误差的大小是可以控制的，这些误差可以通过选择不同的抽样方法及样本数目进行控制，也可以通过加强调查的组织工作和领导，提高调查的工作质量。

1.3.2　设计市场调查问卷

知识链接　　　　　　　　问卷、问卷设计与问卷调查

问卷是指调查者根据调查的目的和要求所设计的，由一系列问题、说明及备选答案组成的调查项目表格，所以又称调查表。

> 问卷设计是依据调研与预测的目的，开列所需要了解的项目，并以一定的格式将其进行有序地排列，组合成调查表的活动过程。
>
> 问卷调查是调查者依据心理学原理，根据调查目的，将精心设计的各种问题以询问的形式在设计的调查问卷中列出，通过调查人员对被调查者的访问，完成事先设计的调查项目，最后统计分析得出调查结果。
>
> 问卷的历史可追溯到经验社会调查广泛开展的 19 世纪。例如，马克思曾精心制作过一份工人调查表，该调查表分为 4 个方面，包括近百个问题，调查问题以全面了解工人的劳动、生活和思想状况为主。20 世纪以来，结构式的问卷越来越多地被用于定量研究，与抽样调查相结合，已成为社会学研究的主要方式之一。

一、问卷的种类

（1）自填式问卷和访问问卷

自填问卷是由被调查者自己填答的问卷。这种问卷适合于入户调查、街头拦截调查、邮寄调查和网络调查。

访问问卷是调查员通过访问被调查者，由调查员根据被调查者的回答代为填答的问卷。这种问卷适合于入户调查、街头拦截调查和电话调查。

（2）结构式问卷和非结构式问卷

结构式问卷又称封闭式问卷，是指问卷中不仅设计了各种问题，还事先设计出各种可能的答案以供选择。这种问卷适合于规模较大、内容较多的市场调查。

非结构式问卷又称开放式问卷，问卷中只设计了调查的问题，没有设置固定的答案，可以自由地回答。这种问卷适合于小规模的深层访谈调查。

二、问卷的结构

（1）标题

标题是对问卷调查主题的说明，使被调查者对所要回答的问题有一个大致的了解。因此，问卷标题应简明扼要，易引起回答者的兴趣。如"中国互联网发展状况及趋势调查"这个标题，把调查对象和调查中心内容和盘托出，十分鲜明。

（2）说明

说明首先是问候语，并向被调查对象简要说明调查的宗旨、目的和对问题回答的要求等内容，引起被调查者的兴趣，同时解除他们回答问题的顾虑，并请求当事人予以协助。（如果是留滞调查，还应注明收回的时间。）例如，您好，谢谢您参加我们的调查！本次调查只需要占用您两分钟的时间。我们对于您能在百忙之中填写此问卷表示感谢！

（3）正文

正文是问卷的主体部分，主要包括被调查者信息、调查项目和调查者信息 3 个部分。

① 被调查者信息：主要是了解被调查者的相关资料，以便对被调查者进行分类。一般包括被调查者的姓名、性别、年龄、职业、受教育程度等内容。这些内容可以了解不同年龄

阶段、不同性别、不同文化程度的个体对待被调查事物的态度差异，在调查分析时能提供重要的参考作用，甚至能针对不同群体写出多篇有针对性的调查报告。

② 调查项目：是调查问卷的核心内容，是组织单位将所要调查了解的内容，具体化为一些问题和备选答案。

③ 调查者信息：是用来证明调查作业的执行、完成和调查人员的责任等情况，方便日后进行复查和修正。一般包括调查者姓名、电话，调查时间、地点，被调查者当时合作情况等。

（4）结束语

结束语是在调查问卷的最后，简短地向被调查者强调本次调查活动的重要性以及再次表达谢意。例如，为了保证调查结果的准确性，请您如实回答所有的问题；您的回答对我们得出正确的结论很重要，希望能得到您的配合和支持，谢谢！

（5）编码

编码并不是所有问卷都需要的，在规模较大又需要运用电子计算机统计分析的调查中，要求所有的资料进行数量化，与此相适应的问卷就要增加一项编码号内容。也就是在问卷主题内容的右边留下统一的空白顺序编上1，2，3……的号码（中间用一条竖线隔开），用以填写答案的代码。整个问卷有多少种答案，就要有多少个编码号。如果一个问题有一个答案，就占用一个编码号，如果一个问题有3种答案，则需要占用3个编码号。答案的代码由研究者核对后填写在编码号右边的横线上。

（6）作业记录

作业记录的作用是用以记录调查完成的情况和需要复查、校订的问题，格式和要求都比较灵活，调查访问员和校订者均在上面签写姓名和日期。

以上问卷的基本项目，是要求比较完整的问卷所应有的结构内容，但通常使用的，如征询意见及一般调查问卷可以简单些，有一个标题，主题内容和致谢语及调查研究单位就行了。

三、问卷设计的原则

（1）目的性原则

问卷调查是调查人员通过向被调查者询问问题来进行调查的，所以，询问的问题必须是与调查主题有密切关联的问题。这就要求在问卷设计时，重点突出，避免可有可无的问题，并把主题分解为更详细的细目，即把它分别做成具体的询问形式供被调查者回答。

（2）可接受性原则

调查表的设计要让被调查者比较容易接受。由于被调查者对是否参加调查有着绝对的自由，调查对他们来说是一种额外负担，他们既可以采取合作的态度，接受调查；也可以采取对抗行为，拒绝回答。因此，请求合作就成为问卷设计中一个十分重要的问题。应在问卷说明词中，将调查目的明确告诉被调查者，让对方知道该项调查的意义和自身回答对整个调查结果的重要性。问卷说明要亲切、温和，提问部分要自然，有礼貌和有趣味，必要时可采用一些物质鼓励，并代被调查者保密，以消除其某种心理压力，使被调查者自愿参与，认真填好问卷。此外，还应使用适合被调查者身份、水平的用语，尽量避免列入一些会令被调查者难堪或反感的问题。

（3）顺序性原则

顺序性原则是指在设计问卷时，要讲究问卷的排列顺序，使问卷条理清楚，顺理成章，以提高回答问题的效果。问卷中的问题一般可按下列顺序排列：容易回答的问答（如行为性问题）放在前面；较难回答的问题（如态度性问题）放在中间；敏感性问题（如动机性、涉及隐私等问题）放在后面；关于个人情况的事实性问题放在末尾。封闭性问题放在前面；开放性问题放在后面。这是由于封闭性问题已由设计者列出备选的全部答案，较易回答，而开放性问题需被调查者花费一些时间考虑，放在前面易使被调查者产生畏难情绪。要注意问题的逻辑顺序，如可按时间顺序、类别顺序等合理排列。

（4）简明性原则

简明性原则主要体现在 3 个方面。

① 调查内容要简明。没有价值或无关紧要的问题不要列入，同时要避免出现重复，力求以最少的项目设计必要的、完整的信息资料。

② 调查时间要简短，问题和整个问卷都不宜过长。设计问卷时，设计者不能单纯从调查者角度出发，而要为回答者着想。调查的内容过多，调查的时间过长，都会招致被调查者的反感。通常调查的场合一般都在路上、店内或居民家中，应答者行色匆匆，或不愿让调查者在家中久留等，如果问卷多达几十页，会让被调查者望而生畏，一时勉强做答也只有草率应付。根据经验，一般问卷回答时间应控制在 30 分钟左右。

③ 问卷设计的形式要简明易懂，易读。

（5）非诱导性

非诱导性原则指的是设计问题时应避免加入设计人员的主观臆断，问题要设置在中性位置，不参与提示或主观臆断，完全将被访问者的独立性与客观性摆在问卷操作的限制条件的位置上。

（6）便于整理、分析

成功的问卷设计除了考虑紧密结合调查主题与方便信息搜集外，还要考虑调查结果的容易得出和调查结果的说服力。这就需要考虑问卷在调查后的整理与分析工作。问卷的设计要便于编码与录入，符合计算机的处理要求，便于统计。

四、问卷设计的步骤

（1）明确调查的目的和内容

为什么要调查？对哪些对象进行调查？调查需要了解什么？问卷设计的第一步是要充分地了解调查的目的和内容，这一步的实质就是规定问卷设计所需的信息。为此，设计者需要认真就研究方案、主题和理论假设进行讨论，将问题具体化和条理化。

（2）搜集有关调查所需的资料

调查人员根据研究的需要，确定调查所要了解的内容和所要搜集的资料，对已有的资料进行分类整理。调查人员要分析哪些是主要资料，哪些是次要资料，哪些是调查的必备资料，哪些资料需要通过问卷来取得，需要向谁调查等，特别要搜寻与调查对象各种特征相关的资料。

（3）确定调查方法的类型

不同类型的调查方式对问卷的格式和要求也就有所差别。在面访调查中，被调查者能与调查员面对面地交谈，可以询问较长的、复杂的和各种类型的问题。街头拦截式的面访调查，要求问卷内容尽量简短。电话访问要用丰富的词汇描述问题，可用对话的风格来设计。邮寄问卷由被调查者自己填写，要给出详细的指导语。

（4）确定单个问答题的内容

确定单个问答题的内容是确定问卷中具体包括哪些问题以及这些问题都应该询问什么内容，能否准确有效地反映调查所需信息。

一份问卷的内容不宜过多，否则不但浪费时间和资料处理的费用，还会使被调查者感到厌烦，影响调查的质量。把所有的问题提出来后，要对已编写好的题目逐一进行检查，将重复的、可要可不要的题目删掉。把表达不准确、不适当的题目加以修改。有的题目如不能充分体现调查内容时，还要加以补充。

（5）决定问答题的结构

调查问卷的问题有两种类型：封闭式问题和开放式问题。大多数问卷的题目都是以封闭题为主，也含有少量的开放式问题。两种形式的问题各有利弊，用哪种形式完全取决于研究问题的性质和特点。一般来说，需要快速回答，受访者教育水平较低，采用封闭式问题。需要受访者充分陈述自己的观点和看法，采用开放式问题。

在实践中，调查人员为了避免两种形式的缺点，常常采用两种类型相结合的方式。

（6）选择恰当的措辞

问卷中的问题是了解被调查者的意图和提供资料的依据，调查人员如何将所需内容转化为被调查者容易接受的句子，就必须注意措辞的技巧。提问的措辞要准确清楚，易于理解和接受。如果措辞不当，会造成被调查人拒绝回答或理解偏差的情况，从而影响调查质量。

（7）安排问题的顺序

① 简单的问题放在前面。在安排问题时，调查人员应把简单的、容易回答的问题放在前面，而把复杂的、较难的问题放在后面，使被调查者开始时感到轻松，愿意继续回答下去。如果让被调查者一开始就感到很难回答，就会影响他们回答的情绪和积极性。

② 能引起被调查者兴趣的问题放在前面。调查人员应把被调查者感兴趣的问题放在前面，这样可引起他们填写问卷的兴趣和注意力，而把比较敏感的问题放在后面。如果一开始就遇到敏感性问题，会引起被调查者的反感，产生防卫心理，不愿意回答或拒绝回答，从而影响整个调查访问的顺利进行。

③ 开放式问题放在后面。开放式问题一般需要较长时间和一定的思考，而受访者一般是不愿花太多时间甚至动脑筋思考来完成问卷的，如果调查者将开放式问题放在前面，

会使被调查者产生畏难心理，影响被调查者填写问卷的积极性，从而影响整个问卷的回答质量。

④ 按问题的逻辑顺序排列。调查人员在设计问卷时，问题的安排应具有逻辑性，符合被调查者的思维习惯，否则，会影响被调查者答卷的兴趣，不利于调查者顺利完成访问。

（8）格式和排版设计

① 版面严肃。版面应避免使用过多的颜色、字体和不必要的插图等，以使受访者感到这是一次科学的调查活动。但在一些带有娱乐性质的调查中，如出于新闻性的宣传目的而进行的趣味调查，调查人员可以设计较活泼的版面，以使受访者感到轻松。

② 问题排列合理。调查人员不要将一个问答题（包括可选择的答案）分列在两页纸上，遇到此种情况，可适当调整相邻问题的位置，尽量使同一问题及答案排在一页中。

如果条件允许的话，每个题的可选择答案最好写成一列，这样使被调查者易于回答，不要为了节约纸张而将可供选择的答案分排成几列。

（9）问卷的测试

问卷设计完成后，在进行大规模正式调查之前，调查人员需要对问卷的内容、措辞、问题的顺序等进行全面的检查。具体办法是调查人员通过模拟调查试验，即试调查，来检查问卷中是否存在问题，并进行适当的修改。如果试调查是按调查设计严格执行的，试调查的样本可以用作实际调查的样本，从而可节约试调查所付出的成本。

（10）制成正式问卷

问卷应当用质量好的纸张印刷，要有一个"专业性"或"职业性"的外形。如果问卷有多页，调查人员不应该简单地用订书机订起来，必须正规地装订成册，问卷的每页最好是双面印刷，这样看起来更正规。

实务借鉴　　　　　一个问卷设计失败的例子

您不买轿车的原因是：

□买不起　　　□怕出交通事故　□担心被盗　□养不起　　　　□其他

这样的答案设计会使被调查者感到窘迫，拒绝回答。

可以改成：

□等待降价　　□不如租车划算　□不环保　　□不喜欢开车　□其他

五、问卷设计技术

（1）问题的类型

按照是否提供答案，调查问卷中的问题可分为开放式和封闭式两种类型。

① 开放式问题的设计是指只提问题或要求，不给具体答案，要求被调查者根据自身实际情况自由作答，调查者没有对被调查者的选择进行任何限制。开放式问题的设计方式很多，主要有以下几类。

● 事实问句：此问句是要求被调查者依据现有事实来回答问题，不必提出主观看法。例如：

你使用的空调器是什么牌子的？

你家庭的年人均收入是多少？

你的职业是什么？

这类问题常用于了解被调查者的特征（如职业、年龄、收入水平、家庭状况、居住条件、教育程度等）以及与消费商品有关的情况（如产品商标、价格、购买地点、时间、方式等），从中了解某些商品消费的现状。

● 意见问句：主要是用于了解被调查者对有关问题的意见、看法、要求和打算以及产生的原因。例如：

你希望购买哪种牌号的自行车？

你打算何时购买高级组合音响？

您为什么希望购买这种牌号的自行车？

这类问题可以帮助调查人员了解被调查者对商品的需求意向，使企业能够根据消费者需求不断改进产品设计，运用对路的商品经营，从而增强企业的生存能力。

● 自由回答法：这种问句的特点是调查者事先不提供任何具体答案，让被调查者根据提问自由回答问题。例如：

您对网上购物有什么看法？

请说明您对薪酬满意或不满意的原因？

你对我厂生产的××牌空调器有何意见？

此类问句比较适用于调查受消费者心理因素影响较大的问题，如消费习惯、购买动机、产品质量、服务态度等。

● 开放式问题的优缺点如下。

开放性问题的优点：提问方法比较灵活，既可以用一般的问卷形式提出问题，也可以用产品实体、图片等形式提出问题，这有利于调动被调查者的回答兴趣，得到他们的合作。由于没有限制答案，被调查者可以根据自己的想法回答问题，因而能够得到较为深入的观点和看法，有时还能获得意外的信息资料。开放式提问方式适合于答案复杂、数量较多或者各种可能答案还不清楚的问题，在动机调查中的应用尤为广泛。

不足之处：每个被调查者的答案差异较大，增加了编码和统计分析的工作量。回答此类问题需要花费时间和精力，容易遭到拒绝和产生理解偏差。调查人员在记录时也会发生遗漏、误解等差错。对被调查者的表达能力要求较高。

② 封闭式问题的设计。封闭式问题是指在设计调查问题的同时，还设计各种可能答案让被调查者从中选定自己认为合适的答案。封闭式问题分为两种类型：两项选择题和多项选择题。

● 两项选择题：回答项目只有对立的两项，也称是否法。这种问句的回答只分两种情况，必须二者择一。例如：

你是否喜欢牡丹牌彩电？　　　是（　）　否（　）

你今年是否打算购买自行车？　是（　）　否（　）

其优点是回答简单，调查结果易于统计归类。不足之处是被调查者不能表达意见程度差别，回答只有"是"与"否"两种选择。若被调查者还没有考虑好这个问题，即处于"未定"状态，则无从表达意愿。

- 多项选择题：多项选择题是对一个问题事先列出几种（两个以上）可能的答案，让被调查者根据实际情况，从中选出一个或几个最符合被调查者情况的作为答案。例如，某手表厂欲了解本企业产品在同类产品中的市场占有率，设计问句：

你所使用的手表是哪一种牌号的？

a. 西湖（　）　　　b. 海鸥（　）　　　c. 梅花（　）　　　d. 上海（　）

e. 天王（　）　　　f. 天津（　）　　　g. 天霸（　）　　　h. 其他（　）

其优点是保留了是否式询问的回答简单，结果易整理，避免了是否式询问的不足，能有效地表达意见的差异程度，是一种应用较为广泛的询问形式。但要注意，使用这种问句在设计选择答案时，调查者应考虑所有可能出现的答案，否则，会使得到的信息不够全面、客观。

在多项选择式问句中，有一种专门用于测量消费者满意程度的量表，分为对称性量表和不对称性量表两种形式。例如，询问消费者关于某一滋补保健品的效果时，可设计如下两种五段量表：

对称性量表

好	较好	一般	较差	差
（　）	（　）	（　）	（　）	（　）

非对称性量表

很好	好	较好	一般	差
（　）	（　）	（　）	（　）	（　）

最后分别统计 5 种情况所占的百分比，确定这种商品在消费者中的总体满意程度。

- 顺位式问句：是在多项选择式问句的基础上，调查者要求被调查者对所询问的问题的各种可能的答案，按照重要程度不同或喜爱程度不同，对所列答案定出先后顺序。例如，对于询问"您选购电视机"时，对下列各项，请按照您认为的重要程度以 1，2，3，4 为序进行排序：

a. 图像清晰（　）　b. 音质好（　）　　c. 外形漂亮（　）　d. 使用寿命长（　）

也可对不同牌号的同类产品的喜爱程度进行排序。例如，下列牌号牙膏中，请根据您喜爱程度，以 1，2，3，4，5，6，7 为序进行排序：

a. 洁银（　）　　　b. 云南白药（　）　c. 中华（　）　　　d. 两面针（　）

e. 美加净（　）　　f. 黑人（　）　　　g. 高露洁（　）

其优点在于这种询问方式回答较为简单，易于归类统计。但要注意，避免可供选择的答案的片面性。

- 程度评等式问句：该问句的特点是调查人员对所询问问题列出程度不同的几个答案，并对答案事先按顺序评分，请被调查者选择一个答案。例如，你对我厂生产的自行车质量有何看法？请在相应的（ ）中打√。

很好（ ） 好（ ） 一般（ ） 较差（ ） 差（ ）

2   1   0   −1   −2

将全部调查表汇总后，调查人员通过总分统计，可以了解被调查者的大致态度。若总分为正分，表明被调查者的总体看法是肯定的；若总分为零分，表明肯定与否定意见持平；若总分为负数，则表明总体上是持否定看法。

这种问句形式，也常被用来对不同牌号的同类产品进行各种性能的评比。例如，欲在某一范围内进行一次电视机质量评比，评出各种牌号的等级或名次。要求被调查者"根据下面的评分标准，给下列牌号的电视机质量评定分数，分数填入括号内。"

a. 长虹（ ）   b. 飞跃（ ）   c. 金星（ ）   d. 海尔（ ）

e. 熊猫（ ）   f. 创维（ ）   g. 康佳   h. TCL（ ）

评分标准：很好 10 分；较好 8 分；一般 6 分；较差 4 分；差 2 分。

（2）问题提问设计注意事项

① 措辞的选择。

- 用词要通俗。大规模的调查，调查对象的文化背景、教育水平、知识经验都有很大差别，调查人员应尽量减少使用专业性的词汇。例如，您对哪个 ISP（网络服务供应商）的服务比较满意？您觉得百姓大药房的 POP 广告怎么样？

- 用词要确切，用词一定要保证所要提的问题清楚明了，具有唯一的意义。不确切的词和含糊不清的问句会使被调查者不知所云，从而也就不知从何答起，甚至根本就不作答。如问："您通常读什么样的杂志？"这个"通常"让被调查者很难把握，不知该怎样去理解，它可以指场合，也可以指时间，到底指的是什么难以确定。类似的词语还有"经常""大概""可能""也许""偶尔""有时"等。

- 避免使用冗长复杂的语句。例如，"假设你注意到冰箱的制冷功能并不像你刚把冰箱买回来时的制冷效果那样好，于是你打算修一下，你脑子里有什么想法？"不如改成"假若你的冰箱制冷功能不正常，你会怎样解决？"

② 避免否定形式提问。否定式提问也称假设性提问，是指调查人员对有些要提的问题，先做出某种假设，以此为前提让被调查者做出单项或多项的选择。例如，您觉得这种产品的新包装不美观吗？日常生活中人们习惯于肯定的提问，而不习惯于否定形式的提问。否定形式的提问会破坏被调查者的思维，造成相反意愿的回答或选择。

③ 避免诱导性和倾向性提问。合格问卷中的每个问题都应该是中立的、客观的，不应该带有某种倾向性或诱导性，应让被调查者自己去选择答案。

例如，问："您认为教师的工资水平是否应该提高？"问句中的"是否应该提高"这种提法带有明显的肯定倾向，很可能诱导被调查者选择肯定的答案。应改为："您认为教师的工资水平如何？"

例如，问："您认为在我国汽车工人有可能失业的情况下，作为一个爱国的中国人应该购买进口小汽车吗？"

问："××啤酒制作精细、泡沫丰富、口味清纯，您是否喜欢？"

问："计划生育是我们国家的一项国策，您认为独生子女和多生子女哪个更利国利民？"

这些问题中所使用的字眼也并非"中性"，而是有意向被调查者暗示答案的方向，或者暗示出调查者自己的观点，这些问题都可归类为"诱导性或倾向性问题"。

④ 避免提断定性问题。有些问题是先判定被调查者已有某种态度或行为，基于此进行提问。例如，"您每天抽多少支香烟？"或"您喜欢喝什么酒？"事实上该被调查者很可能根本就不抽烟或不喝酒，那么该如何回答呢？这种问题实际上为断定性问题。

正确处理这种问题的方法是：在断定性问题之前加一条"过滤"问题。例如，问："您抽烟吗？"如果被调查者回答"是"，接下来再用断定性问题继续问下去，这样才有意义；如果被调查者回答"否"，则在该过滤性问题后就应停止询问每天抽多少支香烟。

⑤ 避免直接提出敏感性问题。个人隐私方面的问题，或不为一般社会公德所接纳的行为或态度类问题，通常称之为敏感性问题或困窘性问题，对这类问题若直接提问往往会引起被调查者拒答，或不真实地回答。

例如，"您的小轿车是分期付款买的吗？""您的工资是多少？"等。被访者对这类问题往往会产生种种顾虑，甚至还会引起反感。如果调查者一定要想获得这类问题的答案，必须避免被调查者不愿回答或不真实回答。最好的方法是采取间接提问的方式，并且语气要特别委婉，以降低问题的敏感程度。

对于敏感性问题，主要有以下几种常用的方法。

• 释疑法。释疑法即在敏感性问题的前面写上一段功能性文字，或在问卷引言中写明严格替被访者保密，并说明将采取的保密措施，以消除疑虑。例如，"打麻将是我国民间传统的一种消遣娱乐活动，您平均每个月打几次麻将？"调查人员通过前面肯定打麻将是一种娱乐活动来消除被调查者心理上的疑虑。

• 假定法。假定法即用一个假定性条件句作为问题的前提，然后再询问被调查者的看法。例如，"假定对人口不加限制，您认为多生子女好还是独生子女好？""假定允许各类人员自由调动工作的话，您会更换目前的工作吗？"

• 转移法。转移法即让被调查者不以第一人称，而是以第三人称来回答这类问题。例如，"汽车消费将是我国未来消费中的一个热点，您周围的朋友对分期付款购买汽车怎么看？""您的邻居害怕坐飞机吗？"

⑥ 一项提问只包含一项内容。在一个问句中最好只问一个要点，一个问句如果包含过多的询问内容，会使被访者无从答起。例如，"您是否觉得这款服装既舒适又好看？"或者笼统的提问："您觉得××饭店怎么样？"

⑦ 避免隐含的假定和选择。

• 隐含的假定指问题中没有表述清楚的假定。例如，"您赞成在我国采取高收入政策吗？"这样询问隐含了工资和物价同步增长的假定，会导致过高的"赞成"比例。改成："如果工资和物价同步增长的话，您赞成在我国采取高收入政策吗？"

- 隐含的选择指问题中没有明显地表达清楚可能选择。例如，"在市区内购物时您愿意乘坐出租车吗？"隐含了乘坐公共汽车或开私家车的选择。改成："在市内购物时您是愿意乘坐出租车还是愿意开私家车（或乘坐公共汽车）？"

⑧ 问题要考虑时间性。时间过久的问题易使人遗忘，不愿回答。例如，"您家去年家庭生活费支出是多少？""您家去年用于食品、衣服的费用支出分别是多少？"除非连续记账才能回答上述提问。改成："您家上个月生活费支出是多少？"，这样就缩小了时间范围，便于回忆。

⑨ 避免推算和估计。问题应该是具体的而不是笼统的，且问题的措辞必须避免让被调查者去推算和估计。例如，我们可能对家庭户每年平均每人的生活费感兴趣，如果问题为："您家每年平均每人生活费用是多少？"答卷人可能就需要在脑子中做一些推算，将每月生活费乘以12，然后再除以家庭人口数。大多数人不愿意这样的推算。改为（两个问题）："您家每月的生活费是多少？""您家有几口人？"然后由调查人员根据回答进行必要的计算。

⑩ 拟定问句要有明确的界限。对年龄有虚岁、实岁，家庭人口有常住人口和暂住人口，经济收入有基本工资、奖金、补贴、其他收入、实物发放折款等项目，通常会产生歧义的理解。研究者如果对此没有明确的界定，调查结果也很难达到预期要求。

（3）问题答案设计注意事项

封闭式问题的答案设计是问卷设计的重要组成部分。必须经过多方面周密细致的考虑。

① 答案要穷尽。问卷设计者只有将所有的答案尽可能地列出，才能使每个被访者都有答案可选，不至于因被访者找不到合适的可选答案而放弃回答。

例如，"您家目前的收支情况是下列哪种情况？"答：较多节余；略有节余；收支平衡。对该问题只设计以上3个备选答案就违背了穷尽性原则，必须加上第四个备选答案"入不敷出"。

有时为了防止列举不全的现象，访问者可在备选答案中的最后列出一项"其他（请注明）"，这样被访者可将问卷中未穷尽的项目填写在所留的空格内。注意，如果被访者选择"其他"类答案作为回答的人过多，说明答案的设计是不恰当的。

② 答案要互斥。单项选择题中多选一的备选答案之间不能相互重叠或相互包含，即最多只有一个答案适合答卷人的情况。如果一个人就这种问题同时选择两个或更多的答案，那么这一问题的答案就不一定是互斥的。

例如：在您每月的支出中，花费最多的是哪项？

□食品　　　□服装　　　□书籍
□报刊　　　□日用品　　□娱乐
□交际　　　□饮料　　　□其他

备选答案中食品和饮料、书籍和报刊不是互斥的。

③ 答案选项的排列。答案的顺序也会影响调查结果，在选项较多的情况下，受访者容

易接受排在前面的选项，认为这些选项重要。从设计人员的角度来说，设计人员也很容易产生一种倾向，将自认为更重要的选项排在前面。

例如，下列计算机品牌中，给您留下印象最好的是：

□联想　　□IBM
□IBM　　□康柏
□方正　　□方正
□康柏　　□同创
□同创　　□联想

上述第一种排列会造成选择联想的比例高，第二种排列选择联想的比例则大幅度下降。避免这种偏差有两个办法：一是设计者设计若干种不同排列的问卷，比如用五套问卷，每套问题完全相同，但在具体选项的排列上进行更换，最后将五套问卷的结果进行汇总；二是访问员在念问卷时，通过在问卷上添加人为的记号修改顺序。

④ 答案中尽量不用贬义词。使用贬义词，会影响调查结果。通常的做法是在褒义词的前面加上否定，如喜欢或不喜欢，而不用厌恶或讨厌。

⑤ 多项选择题的答案设计不宜过多。被访者在阅读与回答中，记忆答案的数量是有限的，一般不超过 9 个。答案过多，被访者在回答时就会有遗忘或不耐烦现象。

⑥ 答案设计要有可读性（趣味性）。答案设计过于呆板、单一，会使被访者失去兴趣。文化程度较高者，可采用一些成语，一般市民则要通俗，对少年儿童，需要设计一些漫画等。

⑦ 敏感性问题答案的设计。在询问月收入或女士年龄等敏感性问题时，为消除被访者的顾虑和资料整理分析的要求，问卷设计者常常将答案进行分类设计。

例如，"您的月工资是（请选一项）"。

□1 000 元以下
□1 000～1 500 元
□1 501～2 000 元
□2 001～2 500 元
□2 501～3 000 元
□3 000 元以上

阅读资料　　　　　良好问卷的 10 点评价标准

（1）问卷中所有的题目都和研究目的相符合，亦即题目都是测量所要调查的选项。

（2）问卷能显示出和一个重要主题有关，使填答者认为重要，且愿意花时间去填答，亦即具有表面效度。

（3）问卷仅在收集由其他方法所无法得到的资料，如调查社区的年龄结构，应直接向户政机关取得，以问卷访问社区居民是无法得到的。

（4）问卷尽可能简短，其长度只要足以获得重要资料即可，问卷太长会影响填答，最好在30分钟以内。

（5）问卷的题目要依照心理的次序安排，由一般性至特殊性，以引导填答者组织其思想，而让填答具有逻辑性。

（6）问卷题目的设计要符合编题原则，以免获得不正确的回答。

（7）问卷所收集的资料，要易于列表和解释。

（8）问卷的指导语或填答说明要清楚，使填答者不致有错误的反应。

（9）问卷的编排格式要清楚，翻页要顺手，指示符号要明确，不致有瞻前顾后的麻烦。

（10）印刷纸张不能太薄，字体不能太小，间隔不能太小，装订不能随便，要能符合精美的原则。

实务借鉴　　　　　　　　**在校大学生网上购物调查问卷**

您好！我是阿里巴巴天猫商城的调查人员，此次问卷的目的是了解在校大学生的网上购物行为，为我们制定更好的服务策略。请允许我们占用您几分钟时间，仔细填写问卷，您的态度和意见对我们的决策有至关重要的作用。我们会为您的信息绝对保密！真诚的感谢您积极的参与我们的问卷调查，同时我们会有小礼品相送！

1. 您的性别？

　A. 男　　　　　　　　　　B. 女

2. 您所在的年级？

　A. 大一　　B. 大二　　　　C. 大三　　　　　D. 大四

3. 您的经济来源？

　A. 来自家庭　　　　　　　B. 自己兼职

　C. 助学贷款　　　　　　　D. 其他，请写出（　　　）

4. 您每月花费多少？

　A. 400元以下　　　　　　B. 400～600元

　C. 600～900元　　　　　　D. 1 000元以上

5. 您每年大约会花费多少钱来够买非食品类商品？

　A. 200元左右　　　　　　B. 500元左右

　C. 800元左右　　　　　　D. 其他，请写出（　　　）

6. 您身边使用网上购物的同学多吗？

　A. 很少　　B. 一般　　　　C. 很多　　　　D. 没怎么注意

7. 您使用网上购物的频率？

    A. 从没用过（如果选择此项，请只需回答后面的第19题和第20题）

    B. 偶尔

    C. 经常

    D. 大部分东西都在网上购买

8. 您选择网络购物平台的标准？

    A. 诚信   B. 价格

    C. 服务   D. 其他，请写出（   ）

9. 您经常在什么网络购物平台消费？

    A. 淘宝   B. 当当

    C. 卓越亚马逊   D. 其他，请写出（   ）

10. 您通过什么方式了解以上购物平台的？

    A. 媒体广告   B. 朋友介绍

    C. 偶然遇见   D. 其他，请写出（   ）

11. 您选择网上购物的原因是什么？

    A. 过程方便   B. 价格实惠

    C. 种类多样   D. 其他，请写出（   ）

12. 您常在网上购买什么类型的商品？

    A. 数码类产品   B. 鞋包

    C. 书籍   D. 衣服

    E. 其他，请写出（   ）

13. 您使用什么支付方式在网上购买商品？

    A. 货到付款   B. 支付宝   C. 网上银行   D. 邮政汇款

14. 您网上看到的商品与购买后收到的商品有区别吗？

    A. 没有   B. 有，但差别不大 C. 差别很大   D. 完全不同

15. 您在购物后，如果发现商家有欺诈行为，您会怎么办？

    A. 立即联系，要求退款

    B. 请求相关职能部门介入

    C. 向周围的人宣传这家店的欺诈行为

    D. 无可奈何，自认倒霉

16. 您了解关于网络购物这一块的相关法律吗？

    A. 很了解   B. 知道一点

    C. 不了解   D. 遇到困难可以求助专业人士

17. 通过您的网上购物经历，您是否感到满意？

    A. 非常满意   B. 满意   C. 一般   D. 不满意

18. 您觉得现在网上购物平台有哪些方面有待提高？（多选）

    A. 支付安全   B. 购物体验   C. 售后服务   D. 商品质量

19. 您觉得是哪些原因使您对网络购物犹豫不决？（多选）

    A. 买贵重物品还是亲自购买比较好

    B. 常听说某某网购被骗，有点害怕

    C. 对售后服务不太相信

    D. 亲自够买可以享受一种购物乐趣

20. 您觉得网络购物这个行业的发展前景如何？

    A. 很好，是个不错的行业

    B. 还可以，可以试试

    C. 前景不乐观，做这个的公司太多了

    D. 不怎么关注

21. 您对网购各环节的评价及建议。

商品质量：

_____

发货时间：

_____

售后服务：

_____

商家态度：

_____

22. 谈谈您对网络购物及快递服务的现状及未来有何看法。

_____

_____

再次感谢您，祝您愉快，再见！

1.3.3 编制市场调查记录表

一、调查记录表的内容

调查记录表是调查员为了收集所需信息，记录市场调查工作的内容与过程，根据一定调查项目，按照一定的顺序列成表格的形式。调查记录表是市场调查中收集数据资料的常用工具。

调查记录表的内容包括被调查者的基本情况、调查的项目和内容、调查表的说明。这些内容一般通过表头、表体、表脚反映出来。

（1）表头：调查表的名称，填写单位的名称、性质、隶属关系和各种基本情况。

（2）表体：体现调查项目和内容，是调查表的主体，包括需要调查的各种项目、标志或指标名称，以及纵栏和横行的编号、计量单位等。

（3）表脚：包括调查员、填表人的签名和调查日期，以及有关调查项目的解释或说明。

阅读资料 　　　　　　　**耐用消费品调查记录表（样本）**

户主姓名_____　家庭人口_____　月人均收入_____　编号_____

品名	单位	现有数		本年需求		备注
		品牌	数量	品牌	数量	
家用计算机	台					
彩色电视机	台					
电　冰　箱	台					
空　调　器	部					
热　水　器	台					
私　家　车	台					

调查单位_____　　调查员_____　　____年___月___日

二、调查记录表的设计要点

（1）调查人员先拟订需要调查的项目，一般应包括被调查者的基本情况、调查的主体内容和相关项目3个方面。

（2）调查人员确定调查表的设计形式，有单一表和一览表两种。单一表：一张表格中只登记一个调查单位的数据。一览表：一张表格上可以登记若干个调查对象的数据。

（3）调查表的项目或指标要求含义明确，能取得确切的数据。

（4）项目之间应注意互相衔接，项目排列要注意逻辑性。

（5）必要时，应编写填表说明和指标解释。

阅读资料 　　　　　**日本动漫在中国市场的运作模式调查记录表（样本）**

编号：

项目名称	日本动漫在中国市场的运作模式调查
调查单位	
调查人员	
调查对象	动漫商家
调查目的	
调查内容（主要调查问题）	
调查结果（或数据）	
调查日期	

实训3

设计市场调查问卷

实训目的：培养学生设计市场调查问卷的能力。

背景资料：某市大型超市 LTMT 想研究本超市与其他超市在购物环境、商品经营范围、商品陈列、货架摆放、价格定位、服务态度、顾客认知度、顾客满意度、市场占有率、市场覆盖率（商圈）等方面的差异，以便改进经营策略，你建议应采用哪些调查方式？可采用哪些调查方法？并设计调查方案和调查问卷。

实训要求：

1. 划分学习小组，各组就所提供的背景资料进行讨论。

2. 每一小组根据所给背景资料设计一份访问式市场调查问卷。要求：有问候语、访问员保证和研究督导信息；包括正式问题 15～20 个；按照问卷设计的原则和技巧撰写。

在各小组中推选一份调研问卷，印制 20 份，在校园附近社区进行试调查。要求重点了解：问题措辞是否恰当；答案选项是否完整；问卷长短是否合适；问题设计是否合理等。

3. 分组讨论进行分析，并针对调查问卷存在的问题进行整改。

扫一扫

调查问卷案例

项目小结

本项目主要阐述市场调查组织策划所需的基本知识，认识并了解市场调查的重要意义，编制市场调查方案，设计市场调查问卷，设计抽样调查，选择抽样技术方案，为市场调查的准备提供基础。

案例分析

某空调品牌的广告效果调查方案

1. 问题的提出

空调生产厂家 B 生产的 A 品牌空调在 C 市的市场占有率很低，为了挖掘 C 市市场的需求潜力，扩大产品销售，提高市场份额，厂家 B 选择了该市的卫视台，进行了为期 5 个月的电视广告活动。厂家 B 急需了解广告是否收到了预期的信息传播效果和促销效果，以便改进和完善广告设计和广告策略，故委托某市场调查公司进行此项调查。

2. 调查的目的与任务

本次调查的目的在于通过对 B 厂的 A 品牌空调的电视广告实际播放测定和广告效果追踪的调查研究，获取有关数据和资料，评价广告的传播影响、沟通效果、行为效果、促销效果，揭示存在的主要问题，为改进、完善广告设计和广告策略提供信息支持。调查的任务主要是获取广告主体（产品）、广告诉求（受众对象）、广告主题（内容）、广告效果、广告媒介等方面的信息。

3. 调查项目与内容

（1）广告主体调查：主要包括 A 品牌空调的认知度、美誉度、偏好度、忠诚度。

（2）广告诉求调查：主要包括被调查者的年龄、性别、职业、受教育程度、年收入；家庭空调的拥有量、品牌、购买时间、购买因素、满意度等。

（3）广告主题调查：主要包括被调查者对广告内容的记忆度、理解度、说服力、接受度、喜好度等。

（4）广告效果调查：主要包括认知度、到达率、购买意向度、销售增长率等。

（5）广告媒体调查：主要了解该市居民对各种广告媒体的接受情况。

（调查问卷见附录）

4．调查对象与范围

本次广告效果调查的对象是 C 市全部常住居民家庭（凡居住并生活在一起的家庭成员和其他人，或单身居住生活的均作为一个住户），以每一个居民家庭为总体单位。从 C 市的统计年鉴了解到，该市有 4 个市辖区、50 个居委会、42.8 万户。其中东区有 13 个居委会，11.13 万户；西区有 10 个居委会，8.56 万户；南区有 14 个居委会，12.04 万户；北区有 13 个居委会，11.07 万户。

5．调查的组织方式

由于 C 市居民户数有 42.8 万户，没有必要采用全面调查。调查人员为节省时间和调查经费，拟采用抽样调查方式。鉴于总体单位数较多，不可能直接从总体中抽取样本户组成调查样本，调查人员决定先分别从 4 个区抽选居委会，然后再从选中的居委会中抽取调查户。居委会的抽样框就是按区分列的居委会名单，调查户抽取所依据的抽样框是中选居委会居民家庭名册或名录库。

6．样本量与分配

本次调查，厂家要求总体广告达到率（看过该广告的户数/该市拥有电视机的家庭户数）的抽样极限误差不超过 4%，区间估计的置信概率为 95%（$Z=1.96$）。由于该市总体广告达到率未知，按照抽样调查理论，调查人员计算总体比率样本容量时，可直接用 $P(1-P)$ 的最大值 0.25 替代，据此，必要的样本容量为户。

考虑到可能有少数居民家庭因某种原因不进行回答，调查人员决定将样本容量增大到 635 户，调查的置信概率规定为 95%。同时，为了使样本单位能均匀地分布在 C 市的各个区，经研究决定调查组在全市中抽取 8 个居委会。样本量的分配如下。

区名	样本户数	抽中的居委会及户数分配	
东区	165	东 2/80 户	东 9/85 户
西区	127	西 6/60 户	西 10/67 户
南区	179	南 5/86 户	南 11/93 户
北区	164	北 4/74 户	北 8/90 户
合计	635		

其中，中选的居委会是在各区中用抽签法随机抽取的，中选居委会的调查户数是按中选居委会的户数规模成比例确定的。各中选居委会的最终样本户的抽取，拟根据中选委居委会编制的居民家庭名册实行等距抽样（实施过程略）。

7．调查方法

（1）用调查问卷对调查户进行询问测试，即派调查员上门访问。

（2）派员到 C 市主要商场观察，了解空调的销售情况，重点是 A 品牌的销售走势。

（3）直接利用 B 厂对 C 市 A 品牌空调的销售记录，统计广告前后空调的销售量。

（4）利用 C 市统计年鉴搜集有关数据，如空调家庭普及率。

8．调查时间与进度安排

资料搜集的时间为本年 8 月 10～15 日。全部调查工作起止时间为 8 月 1 日至 9 月 30 日。（进度安排略）

9．数据处理与分析（略）

10．调查经费预算（略）

11．调查组织计划（略）

问题：

（1）你认为本方案采用了什么样的抽样调查组织方式？是否科学？

（2）如果只测试广告主题及其效果，能否可采用非随机抽样方式？为什么？

（3）如果这个方案扩展到一个省或全国范围的调查，你认为对哪些方面应进行修订、充实和完善？或者重新设计一个调查方案。

（4）问卷设计是否完善，能否充分体现调查项目与内容的要求，应再增加哪些内容？

项目实践

对某电子商店开业前调研样本进行抽样设计

背景资料：

李林、王岩、张飞 3 人计划在某市的电子市场开设一家经营电子数码产品的商店。3 人均是市场营销专业毕业生，在进行可行性研究与讨论时，3 人决定不委托专门调查机构操作，自己动手进行市场调查，这样既节省开支，又能积累经验，体现"学以致用"。

王岩认为，消费者对电子数码产品的需求肯定具有多样性，既有单位与组织的需求，又有家庭与个人的需求；购买者中既有为单位及个人工作服务的需求，也有庞大数量的学生为学习或休闲而购买的需求，还有家庭及个人为生活和娱乐购买的需求。

这种调查采用的肯定是抽样调查，受时间和费用所限，样本数量不能太大。但 3 人又对这次调查非常重视，要求调查结果至少有 95%的可信度，对某些关键性指标的估计误差也提出了一些要求，如每个大学生每年用来购买电子数码产品的费用的估计误差不应超过 10%。

训练要求：

（1）对班级学生进行分组，每组 5 人左右，以小组为单位实施训练，每组确定一位组长，负责沟通与协调。小组之间既分工又协作，做好各项准备。

（2）根据所给背景资料，判断能否采用简单随机抽样，如果能，写出操作步骤；如果不能，请说明理由。

（3）根据所给背景资料，判断能否采用分层抽样，如果能，写出操作步骤；如果不能，请说明理由。

（4）根据所给背景资料，判断能否采用分群抽样，如果能，写出操作步骤；如果不能，请说明理由。

（5）比较不同抽样方案的优劣，选择你认为合适的、可行的抽样设计方案。

（6）给出确定样本容量的方法思路。

（7）以小组为单位，用 PPT 进行设计方案汇报，上交电子文档与纸质文档。

（8）根据存在的问题进行交流和讨论，并进行整改。

考核评价

任务考核评分表

评价指标		评价标准	成绩评定			
			个人自评 20%	本组互评 30%	他组评价 30%	教师评价 20%
职业能力（共50分）	自我学习（10分）	能掌握实施市场调查的程序与流程；能了解调查人员的选择标准、培训原则、培训方法和培训内容；能理解对调查人员进行管理的方法				
	解决问题（10分）	能够组建调查队伍进行各项准备工作；能够搜集、整理数据材料，实施市场调查；能够对调查工作进行初步评估				
	与人交流（10分）	掌握沟通技巧，善于表达，具有亲和力，能很好地与被调查者交流，顺利获取需要的信息				
	与人合作（10分）	互相尊重，平等相待，友善合作，互相商讨，协同完成任务				
	工作创新（10分）	不拘泥于理论、经验与形式，善于寻找高效实施调查的技巧和方法，对环境变化灵活应对，及时处理突发问题和事件				
职业道德（共50分）	职业观念（10分）	能正确认识调查人员的职业道德和企业营销伦理问题				
	职业情感（10分）	对调查工作有愉快的主观体验，稳定的情绪表现、良好的心态，具有强烈的职业认同感和荣誉感				
	职业态度（10分）	工作积极，对调查有充分的认知和积极的行动倾向				
	职业责任（10分）	严格自律，责任感强，具有较强的敬业精神				
	职业作风（10分）	作风良好，自觉行动				
合计						
任务总成绩						

个人参与度评分标准

项目	优	良	中	差
调查工作表现	提前或准时到现场开展工作 0.3	迟到 5 分钟以内，能顺利开展工作 0.25	迟到 10 分钟以内，在提示下开展工作 0.2	迟到 10 分钟以上，工作心不在焉 0.1
承担调查工作量	承担实训任务并负责小组调查管理 0.4	承担实训任务并协助小组负责人工作 0.35	承担实训任务 0.3	应付 0.1
完成调查任务态度	积极主动，认真努力 0.3	认真对待 0.27	不太重视，马马虎虎 0.2	拒绝 0

优：0.12+0.18+0.4+0.3=1。小组长根据每位学生成员的讨论表现、承担的工作量、完成任务的态度等各项的具体表现对照评分，然后加总就是该学生的实训参与度评分。

小组名称：

组长：	个人参与度分数=
成员：	个人参与度分数=
成员：	个人参与度分数=
成员：	个人参与度分数=
成员：	个人参与度分数=
成员：	个人参与度分数=

个人成绩=任务总成绩×个人参与度

课后自测

一、单选题

1. 市场调查本身不只是收集资料，更是包括了从定义调研问题到数据分析和结果应用的完整的、系统的过程。这说明市场调查具有（　　　）。

    A. 针对性　　　　B. 系统性　　　　C. 科学性

    D. 时效性　　　　E. 不确定性

2. 借助营销调研来把握信息进行决策时，一定要目的明确，解决具体问题，这说明市场调查具有（　　　）。

    A. 针对性　　　　B. 系统性　　　　C. 科学性

    D. 时效性　　　　E. 不确定性

3. 在调研专题的内容与性质不太明确时，调查人员为了了解问题的性质，确定调研的方向与范围而进行的搜集初步资料的调查，这是（　　　）。

    A. 探索性调查　　B. 描述性调查　　C. 因果性调查　　D. 预测性调查

4. 收集研究对象以往的市场信息资料，掌握其发展变化和规律，运用科学方法，针对市场未来的变化趋势所进行的调研。这是（　　　）。

    A. 探索性调查　　B. 描述性调查　　C. 因果性调查　　D. 预测性调查

5. 市场调查首先要解决的问题是（　　　　）。

    A. 确定调查方法　B. 选定调查对象　　C. 明确调查目的　D. 解决调查费用

6. 一般来说，下述几种调查方式中，（　　　）对市场的调查更深入。

    A. 探索性调查　　　B. 描述性调查　　　C. 因果性调查　　　D. 研究性调查

7. 企业为了了解市场表现开展市场调查，其目的是（　　　　）。

    A. 单纯为了市场调查　　　　　　　　B. 只是为预测提供基础

    C. 为企业经营决策提供依据　　　　　D. 为了提高企业竞争力

8. 调查人员对产品质量的调查属于（　　　）。

    A. 需求调查　　　　　　　　　　　　B. 产品调查

    C. 产品生命周期调查　　　　　　　　D. 价格调查

9. 调查人员对调查问题一无所知时，宜采用（　　　　）。

    A. 探索性调查　　　B. 描述性调查　　　C. 因果性调查　　　D. 预测性调查

10. 对于占全国彩电总产量比例较大的彩电企业进行生产基本情况全面调查这是（　　　　）。

    A. 典型调查　　　　B. 普查　　　　　　C. 重点调查　　　　D. 抽样调查

11. 市场调查的核心内容是（　　　　）。

    A. 市场环境调查　B. 市场资源调查　　C. 市场需求调查　　D. 流通渠道调查

12. 问卷设计的首要步骤是（　　　　）。

    A. 必要的探索性调查　　　　　　　　B. 搜集有关资料

    C. 设计问卷项目　　　　　　　　　　D. 明确调查目的与内容

13. 某调查问卷的问题："您对网上购物有什么看法？"属于（　　　　）问题。

    A. 公开式　　　　　B. 开放式　　　　　C. 保守式　　　　　D. 封闭式

14. 问卷设计是否合理、调查目的能否实现，关键就在于（　　　　）的设计水平和质量。

    A. 前言部分　　　　B. 主体内容　　　　C. 说明部分　　　　D. 附录部分

15. 某调查问卷的问题："您自己有手机吗？请选择：A. 有；B. 没有"，属于（　　　　）问题。

    A. 公开式　　　　　B. 开放式　　　　　C. 保守式　　　　　D. 封闭式

16. 一个样本中所包含的个体的数量多少是指（　　　　）。

    A. 样本　　　　　　B. 总体　　　　　　C. 样本容量　　　　D. 抽样

17. 理论上最符合随机原则的抽样方法是（　　　　）。

    A. 简单随机抽样　B. 分层随机抽样　　C. 分群随机抽样　D. 系统随机抽样

18. 总体单位数不多并且总体单位之间差异较小的情况下宜采用（　　　　）。

    A. 系统随机抽样　B. 分层随机抽样　　C. 分群随机抽样　D. 简单随机抽样

二、多选题

1. 广义的市场调查包括（　　　　）。

    A. 消费者研究　　B. 营销环境分析　　C. 销售分析　　　　D. 广告研究

2. 市场调查具有（　　　　）特征。

    A. 针对性　　　　　B. 系统性　　　　　C. 科学性　　　　　D. 不确定性

3. 市场调查的宏观环境调查主要包括（　　　　）。

    A. 政治法律环境调查　　　　　　　　B. 经济技术环境调查

    C. 社会文化环境调查　　　　　　　　D. 地理和气候环境调查

4. 市场调查的微观环境调查主要包括（　　　　）。

    A. 目标市场调查　　B. 消费者调查　　　C. 产品调查

    D. 销售和促销调查　E. 竞争对手状况调查

5. 市场调查按照市场调查的目的和功能可以将其分为（　　　　）。

    A. 探索性调查　　B. 描述性调查　　　C. 因果性调查　　　D. 预测性调查

6. 市场调查按照市场调查的组织方式可以将其分为（　　　　）。

    A. 全面调查　　　　B. 重点调查　　　　C. 典型调查　　　　D. 抽样调查

7. 市场调查按照市场调查信息收集的方法可以将其分为（　　　　）。

    A. 全面调查　　　　B. 非全面调查　　　C. 直接调查　　　　D. 间接调查

8. 市场调查的全过程大体上可分为（　　　）三个既相对独立又彼此衔接的工作阶段。

    A. 预备调查　　　　B. 正式调查　　　　C. 提出报告　　　　D. 最后总结

9. 一般来说，探索性调查方法主要有（　　　　）。

    A. 与决策者交流　　B. 向专家咨询　　　C. 二手资料分析　　D. 定性调查

10. 文献资料的搜集方法主要有（　　　　）。

    A. 参考文献查找法　B. 手工检索查找法　C. 计算机网络检索　D. 情报互联网检索

11. 市场调查策划书要求（　　　　）。

    A. 可操作性　　　　B. 系统性　　　　　C. 针对性　　　　　D. 简明性

12. 概率抽样方法主要有（　　　　）。

    A. 简单随机抽样　　B. 分层抽样　　　　C. 系统抽样　　　　D. 分群抽样

13. 非概率抽样方法主要有（　　　　）。

    A. 分层抽样　　　　B. 任意抽样　　　　C. 判断抽样

    D. 配额抽样　　　　E. 滚雪球抽样

14. 影响样本量大小的因素主要有（　　　　）。

    A. 总体的数目　　　B. 抽样误差要求　　C. 资源条件

    D. 调查结果要求的精确度　　　　　　E. 抽样方式、方法

三、名词解释

1. 市场调查：

2. 狭义市场调查：

3. 广义市场调查：

4. 探索性调查：

5. 描述性调查：

6. 因果关系调查：

7. 预测性调查：

8. 全面调查：

9. 非全面调查：

10. 市场调查方案：

11. 市场调查目标：

12. 市场调查方式：

13. 市场调查方法：

14. 抽样调查：

15. 问卷调查：

16. 结构式问卷：

17. 非结构式问卷：

18. 抽样框：

19. 概率抽样：

20. 简单随机抽样：

21. 分层抽样：

22. 系统抽样：

23. 分群抽样：

24. 非概率抽样：

25. 任意抽样：

26. 判断抽样：

27. 配额抽样：

28. 滚雪球抽样：

四、简答题

1. 简述市场调查的具体步骤。

2. 企业为什么要进行市场调查？

3. 市场调查的种类。

4. 市场调查具有哪些特征？

5. 调查项目委托合同设计的主要内容。

6. 调查项目小组具有哪些特征？

7. 项目团队组建的基本原则。

8. 分析问题背景主要从哪几个方面入手？

9. 一般来说，探索性调查方法主要有哪些？

10. 如何分析二手资料？

11. 管理决策问题向市场调查问题转化的步骤。

12. 确定市场调查目标应注意的事项。

13. 制定市场调查方案的过程。

14. 市场调查策划书的要求。

15. 如何确定抽样调查方框？

16. 随机抽样（概率抽样）的特点有哪些？

17. 非随机抽样（非概率抽样）与随机抽样（概率抽样）的根本区别是什么？非随机抽样（非概率抽样）的特点有哪些？

18. 抽样调查中是否一定存在抽样误差，能否控制？

19. 调查问卷的种类。

20. 调查问卷设计的原则。

21. 调查问卷设计的步骤。

22. 市场调查在营销系统中扮演什么角色？

五、分析题

宝洁公司和一次性尿布

宝洁（P&G）公司以其寻求和明确表达顾客潜在需求的优良传统，被誉为在面向市场方面做得最好的美国公司之一。其婴儿尿布的开发就是一个例子。

1956年，宝洁公司开发部主任维克•米尔斯在照看其出生不久的孙子时，深切感受到一篮篮脏尿布给家庭主妇带来的烦恼。洗尿布的责任给了他灵感。于是，米尔斯就让手下几个最有才华的人研究开发一次性尿布。

一次性尿布的想法并不新鲜。事实上，当时美国市场上已经有好几种牌子了。但市场调研显示：多年来这种尿布只占美国市场的 1%。原因首先是价格太高；其次是父母们认为这种尿布不好用，只适合在旅行或不便于正常换尿布时使用。调研结果：一次性尿布的市场潜力巨大。美国和世界许多国家正处于战后婴儿出生高峰期。将婴儿数量乘以每日平均需换尿布次数，可以得出一个大得惊人的潜在销量。

宝洁公司产品开发人员用了一年的时间，最初样品是在塑料裤衩里装上一块打了褶的吸水垫子。但在1958年夏天现场试验时，除了父母们的否定意见和婴儿身上的痱子以外，一无所获。

1959年3月，宝洁公司重新设计了它的一次性尿布，并在实验室生产了 37 000 个样子，拿到纽约州去做现场试验。这一次，有三分之二的试用者认为该产品胜过布尿布。到 1961 年12月，这个项目进入了能通过验收的生产工序和产品试销阶段。

公司选择地处美国最中部的城市皮奥里亚试销这个后来被定名为"Pampers"的产品，（后来进入中国市场有个很好听的名字——"帮宝适"）。发现皮奥里亚的妈妈们喜欢用"Pampers"，但不喜欢 10 美分一片尿布的价格。在 6 个地方进行的试销进一步表明，定价为 6 美分一片，就能使这类新产品畅销。

"Pampers"尿布终于成功推出，直至今天仍然是宝洁公司的拳头产品之一。

问题：

1. 宝洁公司开发一次性尿布的决策是在什么基础上进行的？

2. 宝洁公司是否把握了现代市场营销的基本精神？

【学习收获】

项目二
实施市场调查

项目导入

在市场调查活动中，调查者制定了市场调查方案之后，选定了适当的调查方法，制作好调查问卷，下一步就是组织实施市场调查了。其工作重点是组建市场调查工作组和培训调查人员，这是能否实施好市场调查的关键。因为无论调查方案设计得多么好，只有实际调查的人才能控制资料的质量。所以，本项目将重点介绍如何选拔、培训并管理调查人员，怎样组织实施调查。

学习目标

知识目标

① 了解市场调查人员的素质要求与组织分工。

② 知晓市场调查人员培训的内容、方式、方法。

③ 掌握组织实施市场调查的步骤、方法及注意事项。

能力目标

① 能够组建市场调查团队。

② 能够熟悉调查人员培训的内容、方式、方法。

③ 能够组织实施市场调查、收集数据资料。

调查故事

调查信息巨大的差异

国内一家知名的电视机生产企业，设立了 20 多人的市场调查部门专门从事市场研究。但在一次调查中，某些调查人员由于失误，导致同样的调查问卷，完全相同的抽样，却产生了两组差异很大的数据。这家企业的老总一怒之下撤销了市场调查部门，并辞退了该部门所有员工。

事情是这样的，国内某电视机生产企业为了准确地获取市场信息，了解消费者对其产品的喜好程度，专门组织了一次市场调查。调查人员被分为两组，分别使用同样的问卷，同样的抽样方式进行调查。

问卷中有这样一个问题：列举您会选择的电视机品牌。

其中一组的结论是：有 15% 的消费者选择本企业的电视机；另一组得出的结论确是：36% 的消费者表示本企业的产品将成为其购买的首选。

巨大的差异让公司老总非常恼火，为什么完全相同的调查抽样，会有如此矛盾的结果呢？

公司决定聘请普瑞辛格调查公司来进行诊断，找出问题的真相。

普瑞辛格的执行小组与调查执行的调查人员进行交流，并很快提交了简短的诊断结论：

第二组在进行调查执行过程中存在误导行为。调查期间，第二组的成员佩戴了公司统一发放的领带，而在领带上有本公司的标志，其尺寸足以让被调查者猜测出调查的主办方，从而影响了被调查者的客观选择。

上述案例可以看出，调查人员作为信息的收集者，能直接影响到调查的质量。如果调查人员搜集到的第一手资料不真实可靠，那么，最后得出来的结论将没有参考价值，因此，选拔和培训调查人员也是调查过程管理的一个重要环节。

任务 2.1 | 组建市场调查队伍

任务提示

调查人员制定好市场调查方案，选定了适当的调查方法，制作好调查问卷，就要开始市场调查的资料收集工作。这时，人就成了主要因素。这里的人，指的是即将组建的市场调查工作小组的组成人员。在市场调查中，工作繁杂，调查人员本身的素质、条件、责任心、工作态度等参差不齐，在很大程度上制约着市场调查作业的质量，影响着市场调查结果的客观性和准确性。因此，选择与培训调查人员就成为市场调查中的一项重要工作。

2.1.1 选择市场调查人员

一、建立市场调查工作组

市场调查机构在接受委托单位的委托，开始按照委托方的要求，认真组织实施各个阶段的调查工作时，为了保证项目实施的顺利，需要在公司内部建立市场调查工作组，主要负责管理控制项目的实施，并及时向委托方反馈调查进程和调查工作的有关信息。

（1）项目主管

项目主管是市场调查方案具体执行过程中的最高领导者，其职责是协调下属各部门之间的工作，制定管理规范、人员职责等，其要求是具有较强的组织、管理和协调能力。

（2）研究人员

研究人员的主要职责包括拟定调查方案和数据处理计划，进行抽样设计、问卷设计、数据分析工作以及撰写调查报告，此外还负责向客户汇报调查结果、提供咨询服务等。

（3）实施主管

实施主管作为方案具体执行的领导者，其职责包括：了解调查的目标及具体实施要求；根据设计方案的有关内容和要求挑选调查人员；负责督导团队的管理和培训；负责调查实施中的质量控制。要求具有丰富的市场调查运作经验。

（4）督导员

督导员可以分为现场督导员和技术督导员，现场督导员的主要职责是对调查人员的调查情况进行监督和管理；技术督导员的主要职责是对调查人员访问技巧进行指导，协助实施主管负责调查中的质量控制等。在很多情况下，现场督导员和技术督导员为同一人担任。

（5）调查人员

调查人员是指对被调查者进行访问调查、采集原始数据的专职或兼职人员。

（6）数据录入人员

数据录入人员负责对收集到的问卷资料进行编码，并将数据资料输入计算机，以便研究人员做统计分析处理。数据录入人员必须熟悉各种软件的使用，打字速度较快。

在实际的调查中，主管人员、研究人员、督导员一般由公司专职的人员担任，而调查人员则通过招聘来解决。

阅读资料　　　　专业市场调查机构的职能

专业市场调查机构的最主要职能是服务职能，即根据委托方的要求，进行各种市场调查、研究、咨询、预测，提供企业所需的各类数据、资料、情报、信息，为企业的经营服务。

具体来说，市场调查机构的职能有以下几个方面。

1. 承接市场调查项目

专业市场调查机构拥有专业人才，有从事市场调查与预测的丰富经验和能力，可以公开承接社会各方的委托，按客户的要求开展市场调查与预测活动。一般而言，市场调查与预测专业机构所能承接的市场调查与预测项目包含的范围较广，主要涉及以下几个方面。

（1）可以为开发新产品的市场营销活动进行市场调查与预测，包括调查市场占有率、竞争者实力、销售渠道、季节影响和产品生命周期等。

（2）可以对市场的规模、结构进行调查与预测分析。

（3）可以对市场供求关系的现状和发展趋势进行调查与预测。

（4）可以对消费者的消费需要、购买动机和购买行为进行调查与预测。

（5）可以对产品的性能、包装等进行试验。

（6）可以对市场价格及其走势进行调查与预测。

（7）可以对客户需要的其他问题和方面进行调查与预测。

2．提供信息

专业市场调查机构往往有自己的信息网络，为了工作业务所需，它们订有大量的专业期刊和信息杂志，并有大量的信息来源。它们在长期的实践中也积累了大量的信息资料，从而其本身就是一个很大的信息库，可以为社会和用户提供有关的信息资料。这种提供可以是由专业市场调查机构主动地、无偿地向社会提供，也可以按有关客户的要求有偿提供。

3．提供咨询服务

专业市场调查机构凭借其专业优势，结合宏观经济形势、政府政策倾向等，为社会和企业提供诸如市场运营理论、运营技术的研究、产品投放、营销网络、促销手段、实施与控制等市场营销体系方面的各类咨询服务，从而为企业科学决策与经营管理提供依据。具体有以下几个方面。

（1）帮助委托方拟订广告战略，确认重点。

（2）共同研讨广告计划。

（3）确认商品特性（功能、价格、设计、名称、包装）。

（4）确认市场占有率、普及率、生命周期、季节变动以及需求情形。

（5）确定消费者对商品的使用习惯、购买动机等心理因素。

（6）确认商品流通状况。

（7）广告作品调查、广告效果测定。

（8）销售效果测定。

4．提供专项培训服务

专业市场调查机构要利用专门人才（例如，聘请的专家学者、企业中高层主管等）开展有关企业战略、市场营销、人力资源管理、商务沟通领域的新知识、新政策、新经验等方面的专项培训，提高企业经营管理人员的服务水平。

二、选择市场调查人员

一个市场调研机构一般不可能拥有太多的专职访问人员，而兼职的访问员队伍又不太稳定。因此，调查公司常常要进行招聘访问员的工作。招聘市场调查人员，可以采取书面的形式，也可以采取面试形式。

在招聘过程中，主要考虑的条件应该包括以下几点内容。

（1）责任心。责任心在市场调查中显得尤其重要。缺乏责任心的人，即使工作能力很强，专业水平很高，也很难把事情做好。

（2）普通话。普通话一般人都听得懂，所以在一般情况下，尽量选择普通话标准的人作为市场调查人员。

（3）外在仪表。良好的外在仪表能够给人以亲切感，使被调查者愉快地接受访问。尤其是在进行入户访问和街头拦截访问中，这一点尤为重要。因此，调查人员应该充满自信，面带微笑。

（4）教育程度。调查人员必须有良好的阅读与书写能力，多数调查公司对调查人员的文化程度都有要求，一般要求具有大专以上文化程度。

除此之外，调查人员还应身体健康、性格开朗、善于沟通。总之，在实际调查过程中，调查工作是通过一支良好的团队来实现的。因此，在招聘调查人员时，企业一定要综合考虑他们各方面的能力与条件，选择优秀的人员来担任。

阅读资料　　　　　　企业内部调查机构的职能

与专业市场调查机构不同，大部分企业内部的调查机构一般人员配备较少，所承担的多是策划与监督实施的任务，而具体的调查工作往往会委托给专业的市场调查机构。企业内部调查机构的主要职能如下。

1. 收集内部资料

收集杂志、报纸、计算机网络等不同渠道传递的行业、产品等相关市场信息和数据资料，整理后归类存档，为企事业单位领导层以及其他相关人员的营销决策提供重要的参考。

2. 策划与确认市场调查方案

提出一定的设想或拟订相关的调查方案，然后选择相应的外部市场调查机构来策划具体的方案。

三、市场调查人员的素质要求

扫一扫

调查员手册

市场调查活动是一项科学细致的工作，作为一个优秀的调查人员，必须具有相应的知识和技能。

（1）思想品德素质要求

思想品德素质是决定调查人员成长方向的关键性因素，也是影响市场调查效果的一个重要因素。一个具有良好的思想品德素质的调查人员，应该能够做到以下几点。

① 政治素质。熟悉国家现行有关的方针、政策、法规。具有强烈的社会责任感和事

业心。

② 道德修养。具有较高的职业道德修养，表现在调查工作中是能够实事求是、公正无私，绝不能满足于为完成任务而敷衍塞责，也不能由于迫于压力而屈从或迎合委托单位和委托单位决策层的意志。

③ 敬业精神。要热爱市场调查工作，在调查工作中要认真、细致，要具有敏锐的观察力，不放过任何有价值的资料数据，也不错拿一些虚假的资料。凭自身业务素质，能够断定有些资料存在疑点，能够不怕辛苦，反复进行核实，做到万无一失。

④ 谦虚谨慎、平易近人。调查人员最主要的工作是与人打交道。一些谦逊平和、时刻为对方着想的调查人员，往往更容易得到被调查对象的配合，从而能够更容易获得真实的信息；而那些脾气暴躁、盛气凌人、处处只想到自己的调查人员，容易遭到拒绝或得到不真实的信息。

（2）业务素质要求

市场调查工作不仅需要一定的理论基础，还需要具备较强的实际经验。

① 具有市场调查的基础知识。由于访问员不是专业的研究人员，所以不要求他们具有高深的专业知识，但至少他们应该做到：了解调查工作中访问员的作用和他们对整个市场调查工作成效的影响；在访问中要保持中立；了解调查计划的有关信息；掌握访谈过程中的技巧；熟知询问问题的正确顺序；熟悉记录答案的方法。

② 具有一定的业务素质。业务能力从以下几个方面得以体现。阅读能力，理解问卷的意思，能够没有停顿地传达问卷中的提问项目和回答项目；表达能力，要求访问人员在调查过程中能够将要询问的问题表达清楚；观察能力，具有敏锐的观察能力，判断受访者回答的真实性；书写能力，能够准确、快速地将受访者的回答原原本本地记录下来；独立外出能力，能够独自到达指定的地点，寻找指定的受访者并进行访问；应变能力，在调查过程中遇到的是各种各样的人，要能够随机应变，适应不同类型人的特点。

③ 身体素质。身体素质包括两个基本素质：体力和性格。市场调查是一项非常艰苦的工作，特别是入户访谈和拦截调查，对调查人员的体力要求较高。同时，市场调查人员的性格最好属于外向型，会交际、善谈吐、会倾听，善于提出问题、分析问题和解决问题，谨慎而又机敏。

在实际调查过程中，调查工作是通过一支良好的调查队伍来实现的。调查人员的思想道德素质是前提条件。而调查人员的业务素质和身体素质则可以随着调查的方法不同而有所不同。

知识链接　　　　　　　　　　**调查人员的责任**

1. 接触访问者。按照调查实施负责人的安排，调查人员在合适的时间接触抽样计划所要求的调查对象。为了样本的代表性，不要轻易地被拒绝。另外，要确定家庭中受访者的资格，一个家庭只能访问一个人。如果被访问者拒绝回答，则按要求向上反映，或严格按要求寻找替代的调查对象。要切记的是，调查人员不能自作主张地访问另一个人来代替拒访者。

2. 保密。保密是市场调查人员应该具备的职业道德。调查人员不能将受访者个人隐私的调查结果透露给其他人员。同时，在调查过程中如果有邻居在场，调查人员应委婉地向被调查人员说明是否要再找个时间。

3. 提问。每次调查访问之前，如何向受访者提问，调查公司都有统一规定，所以调查人员一定要按要求去提问，不要太随意。

4. 记录。记录被调查者的回答。要求记录者记录准确、填写清楚、整洁，以免编码时出差错。提问和记录的有关问题在访谈技巧中还要详细说明。

5. 审查。在结束访问时，提问人员要检查整个问卷是否准确完成，字迹答案是否清楚等。

6. 发送礼品礼金。访问人如果对被访问人员有酬谢，要一一发送礼品或酬金，注意不要多发或少发。

⏰ **一试身手**

总结归纳市场调查人员应具备哪些素质与能力。

2.1.2 培训市场调查人员

一、培训的内容

1. 基础培训

基础培训主要是对职业道德、行为规范和调查技巧进行培训。

① 职业道德培训。职业道德培训内容包括告知调查人员必须提供完全真实的调查报告，不能为讨好委托方而故意修改数据；要遵守保密义务，既不能泄露被调查者的个人信息，也不能将调查报告和数据泄露给第三方；不能提供不完整或令人误解的报告等。

② 行为规范培训。行为规范培训内容包括告知调查人员要严格按照抽样规则选择被调查者；在提问、记录答案过程中应保持中立的态度，不能加入自己的观点和意见；调查人员在实施调查前应准备的调查工具包括问卷、身份证、介绍信、工作证、纸、笔、赠品等。

③ 调查技巧培训。调查技巧培训内容包括培训接触被调查者的技巧、询问问题的技巧、记录答案的技巧、结束访问的技巧、处理意外事件的技巧等。

阅读资料　　　　　　　　　**访谈技巧培训**

（1）准备访谈计划。调查人员最好是在访谈之前把所有的问卷做一遍，了解问卷的重点和难点，特别是要拟好访谈提纲，包括见面词等。调查人员对所访谈的内容越了解，越能流利地将问卷朗读给受访对象。

（2）准备访谈用品。访谈用品包括调查问卷、身份证、学生证、校徽、介绍信、笔、纸、录音机和馈赠物品、宣传资料、交通地图等。

（3）模拟访谈。访谈人员事先找一些熟悉的人进行模拟访谈，可以发现在实际访问时可能会出现的问题，尽早想一些应急措施。

（4）掌握访谈技巧。调查者要想取得被调查者的合作，就离不开访谈技巧的正确运用。不同的访谈效果会直接影响访问调查的质量。如果访谈效果好，受访对象很配合，问卷回答就能如实反映情况。反之，访谈效果不好，受访对象只是应付，那么回答的可靠性就降低。此外，访问员的技巧如果掌握不好，访问员在提问过程中诱导或解释不当，也会影响调查质量；还有在读问卷时用词的变化也会引起受访对象的误解。

（5）降低入户访谈拒访率。拒绝访问是市场调查中常见的事情，市场调查要努力降低拒访率。拒访率因为调查方法的不同而不同，因地区不同而不同。一般来说，经济发达的地区比经济不发达的地区拒访率高；经济收入较高的家庭比经济收入较低的家庭拒访率高；职位较高的人比职位较低的人的拒访率高。

2. 项目培训

项目培训是在基础培训的基础上进行的，是针对具体调查项目的说明会。调查设计人员往往会对现场调查提出更有针对性的访谈要求。项目培训对涉及的访问人员、督导人员、抽样人员、复核人员等要分别进行。但相对而言，督导人员、抽样人员、复核人员等的工作复杂程度低，对他们的培训主要是：基本工作原则和基本工作技能培训；项目背景说明；团队合作与管理协调能力培训。

对访问人员的培训则是主要的、关键性的任务。访问人员的培训主要是对一些相关项目的知识、访问人员的基本工作原则、基本工作技能及技巧等内容的培训。鼓励现场访问人员互相提问，迅速熟悉问卷内容和项目实施要求，告诫访问人员泄露商业机密将产生的严重后果。

扫一扫

访问员培训手册

知识链接　　　　　　　　项目操作培训内容

（1）向调查人员解释问卷问题。一般是让调查人员先看问卷和问卷须知，针对调查人员不清楚的地方给予解释。

（2）统一问卷填写方法。为了今后资料录入的方便，需要规范作答的方式和方法。

（3）分派任务。指定每个调查人员调查的区域、时间和调查的对象。

（4）访问准备。告诉调查人员在调查前所需携带的各种东西，如问卷、受访者名单、电话、答案卡片、介绍信、自己的身份证明、礼品等。

向调查人员说明会有一定的监督措施来检查调查人员的调查质量。

3．项目培训的一般程序

① 简介项目背景；

② 讲解实施要求；

③ 发放培训材料；

④ 讲解调查问卷；

⑤ 模拟调查访问；

⑥ 及时解答提问；

⑦ 分发调查工具。

4．访问手册主要内容

对访问人员进行专项培训时，企业通常编制访问人员手册，作为培训资料发放给访问人员。主要内容包括：

① 项目介绍；

② 抽样方法介绍；

③ 样本量的说明；

④ 问卷的使用方法；

⑤ 问卷的访问程序及注意事项；

⑥ 关于访问质量的奖惩方式；

⑦ 其他有关事项。

二、培训的方式

1．集中讲授

集中讲授是将接受培训的人员集中起来，采用讲课的方式进行系统的培训。讲授的内容包括调查项目的背景资料、市场调查的经验和方法、调查的具体实施要求等。

2．模拟访问

模拟访问是由接受培训的人员和有经验的调查人员分别担任不同角色，模拟在实际调查中可能会出现的各种问题，从而增强调查人员解决实际问题的能力。

3．督导访问

督导访问由督导员陪同调查人员一起到现场进行试访，并记录访问中出现的各种问题和意外情况，以帮助调查人员有效解决。

阅读资料　　　　　访谈开始时就拒访的原因

主观原因包括：①怕麻烦。随着市场调查越来越普及，被调查者以前有过不愉快的经历或怕麻烦而拒绝接受访问。②怕露底。由于社会治安方面的问题，担心随便让人进来会遭抢劫或让人知道了自己的财产后被盗，所以拒绝访问。③感到调查对自己没有意义。

客观原因包括：①调查人员行为不当。调查人员仪表、态度、语言、举止等令受访对象感到不舒服，因而拒绝被访问。②回答有困难。受访对象在回答问题方面存在障碍，比如语言表达不清楚、听力不好或说方言等让调查人员听不懂。③受访对象文化程度低。看不懂问卷、不理解问卷的意思、不会写字等。④有事不顺心而无法配合。比如工作不顺心、生病等原因引起的心情不好而拒绝访问。⑤家中有客人。即访问员拜访时正好遇到受访对象家中有客人。

访问过程中拒访的原因

①问卷太长。在回答提问的过程中，受访对象发现问卷太长，完成问卷花费的时间太多，因而产生厌烦的情绪，没有了耐心。②问题不好回答。问卷上的提问是受访对象不太熟悉的领域，与受访对象的生活经历相差太远，或者有些问题需要受访对象极力去回忆等。③问题不便回答。问卷中间涉及一些不便回答的问题，如婚姻、个人收入、政治倾向等，因而受访对象拒绝回答。④其他事情的打扰。比如有人拜访，电话打扰，突然有事需要处理等。

三、培训的方法

1. 书面训练

书面训练的基本要点在于要求调查人员牢记调查项目的重要性、目的、任务，并通过训练手册，熟悉各项任务要求，主要包括：

① 熟悉市场调查项目的内容和目的；

② 熟悉并掌握按计划选择被调查对象；

③ 选择恰当时机、地点和访问对象的方法；

④ 获得访问对象合作的有关访问技巧；

⑤ 关于调查询问的技术；

⑥ 关于如何鉴定调查形式，检查调查问卷的指示说明，以及如何处理访问中发生的特殊情况的说明。

2. 口头训练

口头训练的目的是消除调查人员的恐惧和疑虑，使调查人员灵活运用口头访问技巧。为此，调查人员需要经常进行练习，而且要参加多次访问的演练，从而能够具备下列素质：

① 访问态度和蔼、友好；

② 提出的问题能抓住重点，简单明了，并给被调查对象充分的回答余地；

③ 善于选择访问时机；

④ 有较强的判断能力，善于明辨是非；

⑤ 善于完整、清楚地记录，忠实地反映被调查对象的本意。

🕐 **一试身手**

试着总结组织市场调查人员培训可以采取哪些形式和方法。

四、培训中注意的关键问题

1. 如何避免访谈开始就被拒

调查人员首先设计一段有效的开场白（自我介绍词）。介绍时，调查人员应出示身份证明，如实表明访问目的，增强受访者的信任感和参与意愿。

【例1】

"您好！我叫张月，是南京大学市场营销专业的学生，这是我的学生证。我们正在做一项有关在校大学生打工状况的调查。您正好是这次调查中经过科学抽样设计选中的被访者之一，您的观点对我们的研究非常重要，我们希望您能够回答下列几个问题。"

【例2】

"您好！我叫周丽，我是百盛公司营销部的代表，这是我的证件。我们正在进行一项关于消费者对奢侈品偏好的研究。您是经过科学选样挑选出的参与调查研究的调查对象之一。我们将高度重视您的意见，希望您能回答以下几个问题。"

2. 如何避免访谈中途被拒

状况一：选择适当的入户访问时间。

工作日——晚上 7:00—9:00 之间进行访问。

双休日——上午 9:00—21:00 之间进行访问（除吃饭和午休）。

状况二：扫除受访者"借口"。

以"没有时间"为借口——约定有效时间（具体时间点）。

以"不合格""缺了解"为借口——鼓励被访者。

以"不感兴趣"为借口——耐心解释。

状况三：访问时受到各种干扰。

有他人插话——对插话者说："您的观点很对，我希望待会儿请教您。"

家庭成员影响——受访者不答，应中止访问。

电视机噪声——逐渐降低说话声，提醒受访者注意。

3. 怎样保持中立

调查人员的表情和态度都会影响到被调查者。除了表示出礼节性兴趣外，调查人员不应做出任何其他反应（如说出自己的观点），调查人员应鼓励受访者说出自己的真实感受。

4. 如何提问和追问

提问：调查人员应按问卷设计的问题顺序及提问措辞依次提问。

追问：开放题一般要求充分追问。追问时，不能引导，也不要用新的词汇追问，要使被访者的回答尽可能具体。熟练的访员能帮助被调查者充分表达他们自己的意见。被调查者不能很好地全面回答提问，有时问卷本身就设定了追问问题，这时都需要运用追问技巧来达到预期的目的。

追问技巧：重复读出问题；重复被调查者的回答；停顿、无言或使用中性追问用语。

5. 如何结束访问

致谢：感谢受访者抽出时间给予合作及做出的贡献。

检查问卷：调查人员应看有没有遗漏，看是否有需要受访者澄清的含糊答案；看单选题是否有多选的情况，问题的答案是否有前后不一致的地方等。

再征求意见：询问受访者的想法、要求，并告诉他如有可能，还要进行一次回访，希望也给予合作。

离开现场：要表现得彬彬有礼，为受访者关好门，向受访者及家人说再见。

实训 1

组建市场调查工作小组

实训目的：认识市场调查工作组的结构与分工，市场调查人员培训的意义。

实训要求：

1. 划分学习小组，模拟一项调查活动。
2. 模拟市场调查人员的选择与培训过程。
3. 模拟组建市场调查工作小组并实施管理。
4. 分组讨论并提交讨论结果，得出结论。

任务 2.2 | 组织实施市场调查

任务提示

> 根据项目大小，收集数据资料这项工作需要一个工作小组来配合完成，企业需要组建一个市场调查工作小组，人员的组成、专业技能、职业道德等因素将决定资料收集工作的成效。市场调查工作小组成立后，接下来，市场调查人员就要执行市场调查方案，将方案付诸实施，这样就进入到一个新的业务操作环节：组织实施市场调查。市场调查的组织与实施要做好实地调查的组织领导工作与协调、控制工作。

2.2.1 组织实施问卷调查

问卷是调查者事先根据调查的目的和要求设计的，由一系列问题、说明以及备选答案组成的调查项目表格，所以又称为调查表。问卷调查是调查者依据心理学原理，将精心设计的各种问题全部以询问的形式列出，许多问题还给出了多种可能的答案，供被调查者进行选择。这种方式有助于被调查者及时准确地获取调查的内容，领会调查的意图，从而提高调查的系统性和准确性。关于问卷设计的相关知识前面已做系统介绍。

（1）发放调查问卷

调查问卷主要采取的方式有接头拦截访问调查发放、入户访问调查发放、邮寄调查发放、网络调查发放电子问卷等。直接面对被调查者发放问卷时要尊重对方的意愿，注意礼节，讲文明、有礼貌。

（2）回收登记问卷

① 问卷分别编号存放。根据调查计划，随时会有不同的调查人员交回不同的调查问卷，

问卷回收部门要专人负责，一定要细心、妥善地将各种问卷进行编号，分门别类地存放或移交给研究部门。

② 填写问卷登记表。为了加强对回收问卷的管理，一般事先需要专门设计登记表格。具体内容包括：调查员姓名及编号，调查地区及编号；调查实施的时间，问卷交付的时间；问卷的编号；实发问卷数、回收问卷数、拒答问卷数、丢失问卷数等。

③ 做好回收问卷标记。回收的问卷应分别按照调查人员和不同地区、单位放置，标明问卷标号，注明调查人员和地区、单位，以方便整理和查找。

实务借鉴　　　　　　　调查人员所引起的问卷质量问题

调查人员所引起的问卷质量问题有如下情形：①调查人员自己填写了很多问卷，没有按要求去调查被访问者；②调查人员访问的对象并不是研究者指定的人选，而是其他的人；③调查人员按自己的想法自行修改问卷的内容；④调查人员没有按要求发放礼品；⑤调查人员有些问题漏记或没有记录；⑥调查人员设计的问卷有的问题答案选择太多，不符合规定的要求；⑦调查人员嫌麻烦，放弃有些地址不好找或家里没人的受访对象；⑧家庭成员的抽样没有按抽样要求进行。

2.2.2　组织实施访谈调查

访谈调查又称采访法、询问法，是调查人员通过口头、书面或电信等方式，直接向被调查者提出问题，了解情况，取得资料的一种调查方法。访谈调查灵活、简洁、方便，是第一手资料收集中最常用的一种方法。访谈调查的形式很多，有入户访问、街头拦截访问、电话访问、邮寄问卷、留置问卷访问等，这里重点介绍街头拦截访问调查和电话访问调查。

扫一扫

调研访谈提纲

街头拦截访问是指在固定场所（如交通路口、生活小区、商场等）拦截被调查人员符合条件者进行面对面访问。拦截访问的方式主要有两种：第一种是调查人员在事先选定的地点，按预定程序和要求（如每隔几分钟拦截一位行人）选取访问对象，征得对方同意后，在现场按问卷进行简短的调查；第二种是调查人员到中心地调查或厅堂测试，在事先选定的若干场所内，按照一定程序和要求，拦截访问对象，得到被调查者同意后，将其带至该场所附近的房间或厅堂进行调查。

知识链接　　　　　　　街头拦截访问的优缺点

（1）街头拦截访问的优点

街头拦截访问的优点主要体现在以下3个方面：①节省调查费用。调查人员大部分时间用于访问本身，不像入户访问那样需要花较长时间确定被调查者，从而节省了时间和交通费用；②避免入户困难。公共场所被调查者相对来讲比较容易接受访问；③便于对调查人员监控。街头拦截访问主要是在选好的地点进行，所以，督导人员能够监控访问现场，以保证调查质量。

（2）街头拦截访问的缺点

街头拦截访问的缺点主要体现在以下3个方面：①拒访率较高。行人或购物者一般都很匆忙，所以拒绝接受调查的概率比较高；②被调查者的代表性受到限制。因为并非所有的调查对象都喜欢逛街或逛商场；③事后回访较难实现。被调查者往往不愿意将真实的个人信息留给调查人员，因此，很难进行事后回访。

街头拦截访问分为以下几个步骤。

（1）准备问卷

在调查之前，调查者应根据调查的目的精心设计一份详细、完整的调查问卷，并按照计划调查的人数确定问卷的数量，对问卷内容及相关知识进行全面了解。

（2）选定地点

访问的地点通常选择人流量大、环境舒适的商业场所或娱乐场所。选定地点后，调查者要预先观察调查地点，需要的话还要进行地点布置。

（3）寻找对象

准确寻找并确定被调查对象。在调查地点，调查者应环顾四周，找出可能接受调查的目标对象，如那些步履缓慢、手上提有少量物品、在休息区休息的人。

（4）进行拦截

调查者判断路人可以作为调查对象时，应积极上前询问，并说明目的。调查人员的态度要诚恳，语气要温和。

（5）开始访问

被调查者如果愿意接受访问，调查人员就可以按照问卷的内容进行提问，良好的心态，微笑的魅力，语言表达都要协调地配合在一起。对方如果不愿停下脚步，就需要跟随对方走上几步，力争用话语引起对方的兴趣，留住对方。调查人员在调查中要尊重被调查者，同时告知调查目的，尽可能留下其信息资料，利于以后开展营销活动。调查人员只要处理得当，一般情况下被调查者都会愿意留下信息资料。

阅读资料　　　　　　　提问的技巧

访问员在访问过程中应按问卷设计的问题排列顺序及提问措辞进行提问。对于开放题，一般要求访问员充分追问。追问时，不能引导，也不要用新的词汇追问，要使被访者的回答尽可能具体。熟练的访问员能帮助被调查者充分表达他们自己的意见。追问技巧不仅给调研提供充分的信息，而且使访问更加有趣。

① 提问用词。调查问卷上的提问用词往往都是经过仔细推敲的，因此，访问员对于每个问题都要严格按照调查问卷上的用词进行提问，如果提问或用词有误，可能影响调查结果。

② 问题顺序。在调查问卷设计过程中，问题的先后次序会对问卷整体的准确性及顺利进行访问有重要影响。因此，调查问卷中每个问题的顺序都是经过精心编

排的，访问员在提问时，要严格按照问卷上的问题顺序提问，不要随意改变问题的顺序。

③ 严格按要求询问。当被调查者不理解题意时，访问员可重复提问，但不能自己做解释或加上自己的意见而影响被调查者的独立思考。

④ 调查问卷上的每个问题都应被问到。访问员在访问中要注意不可因为访问次数多、同样的问题重复遍数多或认为某些提问不重要而自作主张放弃应该询问的问题。

⑤ 某些问卷有一些划横线的关键词，在提问时应加重语气或重复。

⑥ 提问时的音量应控制在被调查者能听清为宜，语速应不快不慢。

⑦ 提问过程应随时根据被调查者的情绪加以调节和控制。

（6）完成访问

被调查者回答完所有问题后，调查人员应当浏览一遍，不要有所遗漏。调查人员向被调查者表示感谢，与其告别。所有问卷都完成后，调查人员进行集中整理统计，形成有效的营销信息资料。

阅读资料　　　　访谈各主要阶段技巧的运用

（1）获取被调查者的合作

① 调查人员持介绍信或证明取得居委会或物业管理有关人员的支持或帮助。

② 敲门。调查人员要通过敲门才能进入受访者的家。这时，调查人员要注意敲门的声音和节奏，敲门声要适中，敲门声太小，受访者可能听不到敲门声。

③ 受访者一开始注意的是调查人员的外表，所以，访问员要注意仪表端正、穿着整洁、用语得体、口齿伶俐、态度谦和，给人以亲切感。

④ 自我介绍。适当的称呼会使对方感到亲切，另一方面调查人员要考虑访问对象的民族习惯和生活习惯，主要目的在于得到受访者的信任，争取被访问者的合作。

⑤ 示意礼品。示意礼品但不可过分渲染礼品，过分渲染礼品使人觉得被调查者有占小便宜的感觉。

（2）活跃气氛

成功的访问需要在一种轻松、愉快、友好的气氛中进行，访问员必须努力营造这种气氛。业务中也俗称为"预热"。预热的办法是在入户后，注意观察受访者的行为和周围的环境，找一些受访者的优点、特长，满足受访者被人尊重的需要，找一些双方熟悉的话题，如某场体育比赛，使受访者感到与你有共同语言。从受访者感兴趣的主题入手，让气氛活跃起来。

（3）询问问题

询问要注意以下问题。

① 始终保持中立。大多数受访者出于礼貌，或者省事，喜欢按调查人员所期

望的要求回答问题。因此，调查人员绝不要通过自己的面部表情或声音提示受访者回答。

② 当涉及个人隐私时调查人员应强调为其保密。

③ 访谈时不要有邻居在场，最好也不要有第三者。

④ 当询问的时间长，有些访问员不按照问卷的用词来提问，力求简单，但是这样会影响调查质量，这是访问员应该克服的毛病。

⑤ 解释。一般是调查者反复读出提问问题，让被调查者怎么想就怎么答。

⑥ 当一个好的听众。访问人员在受访者回答问题时，一是不要随便打断受访者的话题，即使受访者答非所问或说话啰唆。如果记录中有不清楚的地方，访问人员也要等受访者讲完以后再做询问。二是要集中精力、专心致志，注意用体态语言来表现自己对受访者谈话的高度重视。

⑦ 被调查者思维跳跃，跳到别处去了，你要善于引导他们回到现在的问题上来。转移话题的时机，通常是受访者谈话过程中的停顿。一旦受访者停顿，访问员就要及时地插话，如"你刚才讲得很精彩，但是你对这个问题怎么看……""你讲得很好，刚才你说到……你为什么这样认为？"等。

（4）结束访谈

① 调查人员要让受访者有良好的感觉。调查人员要感谢受访者抽出时间给予合作，并使受访者感受出对这项调查研究做出了贡献。

② 调查人员要迅速检查问卷，看有没有遗漏，问题的答案有没有空缺；看问题的答案是否有前后不一致的地方；看是否有需要受访者澄清的含糊答案；看单选题是否有多选的情况等。

③ 调查人员要再征求意见，询问受访者的想法、要求，并告诉他如有可能还要进行一次回访，希望再给予合作。

④ 离开现场时，调查人员要表现得彬彬有礼，与受访者及家人说再见，为受访者关好门。

2.2.3 组织实施电话调查

电话访问调查是指调查者预先选定要调查的问题，以打电话的形式向被调查者征询意见，获得信息资料。电话调查常用于样本数量多，调查内容简单明了，易于让人接受、需快速获取信息的调查情况。

（1）电话访问的准备

① 访问员要求有较强的语言表达能力和沟通理解能力。

② 访问员必须明确此次电话访谈的目的，要清楚通过此次访谈得到什么。

③ 访问员预先进行设计，准备好问题列表，了解调查内容所涉及的相关知识。

④ 访问员对调查对象进行适当筛选。

⑤ 访问员要有足够的被拒绝的心理准备。

> **知识链接**   **电话访问时应遵循的原则**
>
> 原则一：访问员说话速度适宜，不要过快，保持口齿清晰。
>
> 原则二：访问员必须积极地倾听，同时对被调查者说的话表示很有兴趣。
>
> 原则三：在访问的过程中，访问员多使用礼貌用语，如"请""您好""谢谢""对不起""再见"等。
>
> 原则四：访问员多使用附加语，如，"嗯／是的，您说的对""请说／请继续""我非常理解"等。
>
> 原则五：访问过程结束后，调查人员一定要向被调查者致谢。如"感谢您对我们工作的支持，您的宝贵意见我们会认真考虑，谢谢，再见。"

（2）电话访问开场白

开场白或者问候是与客户通话以后前 30 秒钟你所讲的话。这也是客户对访问员的第一印象。开场白一般来讲包括以下几个部分。

① 调查人员的问候和自我介绍。

② 调查人员表明打电话的目的，介绍和说明。

③ 调查人员确认客户时间是否允许。如果受访者此时很忙，尽可能与受访者约定下次访谈的时间。

④ 调查人员提出问题把被访问人员引入会谈。

> **实务借鉴**   **电话访问举例**
>
> "您好，我是××公司的××。"
>
> "上个星期您提到……"
>
> "您对我们的服务态度感到满意吗？"
>
> "可能要花您几分钟的时间，现在您方便吗？"
>
> "那个问题您怎么看？"
>
> "他对您有帮助吗？""帮助在什么地方？"
>
> "给我们提一些建议，好吗？"
>
> ……

（3）结束电话访问

访问人员要向对方表示很重视客户的意见，与客户告别并致谢，做好电话访谈记录。

（4）意外情况处理。

① 电话访谈进行中调查人员要注意倾听电话中的背景音，如果有人讲话、电话声音、门铃声音等，此时应询问受访者是否需要离开处理，这表明你对受访者的尊重。

② 提高提问和听话的能力。通过提问引导你与客户的电话访谈，在听取受访者的回答

时要注意倾听，正确理解客户的真实意图，包括话外音。了解客户的意图后要恰当引导与客户的谈话，回到访谈的目的上来。

阅读资料　　　　　　　　　电话访问的优缺点

（1）电话访问的优点主要体现在以下几个方面：①节省费用，与其他访问法相比，电话访问省去了诸如交通费、印刷费等费用；②获得市场信息资料的速度较快，特别是对于一些需要尽快得到结果的调查可采用电话访问；③调查的对象及区域广泛，可以对任何有电话的地域、单位和个人进行调查；④能访问到不易接触的调查对象，如有些被调查者拒绝陌生人入户访问，但却有可能接受短暂的电话调查；⑤易于控制实施的质量，如督导人员可以监督调查人员的工作，可以随时纠正他们不正确的操作。

（2）电话访问的缺点主要体现在以下 3 个方面：①调查范围受到电话普及率的影响。在经济发达的地区，电话普及率较高，这种方法能得到广泛应用。但在经济不发达的地区，电话普及率低，因而这种方法会受到限制；②访问时间不能过长，内容不能过于复杂，只能进行简单的问答；③访问成功率较低。例如，随机拨打的电话可能是空号或错号，被调查对象可能不在或者正忙不能接听电话，被调查人员不愿意接受电话调查等。

2.2.4　组织实施观察调查

观察调查法是指调查人员不与被调查者正面接触，而是通过感官直接观察或借助观察辅助仪器，有目的、有计划地察看、记录、分析，观察被调查者的行为或现场事实以获取原始资料和信息的方法。

知识链接　　　　　　　　　观察法的分类

（1）人员观察法。人员观察法即调查人员直接到现场看以收集有关资料。例如，调查者到零售商店观察产品的货架，了解不同品牌产品的陈列、数量、价格、广告张贴等，企业可根据这些资料决定广告产品在市场的位置。在人民充足的条件下，调研机构会选择这种方法完成调研信息的搜集工作。由于是通过观察员的感觉器官来收集被观察对象的某些特征的信息，观察员所记录的信息，是经过他们自己的判断标准"过滤"而提出的认同结果。

（2）仪器观察法。仪器观察法即利用录音机、录像机、照相机、监视器、扫描仪等进行调查。

（1）准备工作

① 确定观察目的。确定观察目的是解决为什么观察和观察什么的问题。科学观察之前，必须清楚观察调查是为了解决什么样的问题，然后从所要研究的问题出发，明确观察目的。

观察调查必须根据观察目的，确定观察的范围、对象和重点，具体计划观察的步骤。

② 制订观察计划。观察计划一般包括观察目的，观察对象，观察重点和范围，需要获得的资料，观察的时间、次数和位置，选择观察的方法，观察的注意事项，观察人员的组织分工，观察资料的记录和整理，应变措施等内容。

观察对象和目标可以是物（产品、广告、市场关系），也可以是人（顾客、行人等）。观察对象和目标根据调查目的确定。例如，调查商城营业员的服务情况，观察对象就是商城的营业员，观察的内容包括商城对营业员工作时间、工作标准、工作要求，仪容、仪表、言行举止、服务态度等。

③ 设计观察记录表。为了将观察结果准确快速地记录下来，并便于随身携带，调查人员应根据观察内容预先列出观察项目和提纲，事先制成便于汇总的观察记录表（也可以是卡片的形式）。

④ 选择观察地点。观察地点的选择既要便于观察，又要注意隐蔽性。

⑤ 准备观察仪器。根据具体情况调查人员事先准备适当的仪器，如望远镜、照相机、摄像机、录音设备、测量仪等。

实务借鉴　　　　　　顾客流量及购物调查卡片

某商场为观察购买者的行为而制作了顾客流量及购物调查卡片（见表 2-1）。使用时，在商场的进出口处，有几名调查人员配合记录，调查卡片每小时或每半小时使用一张，该时间内出入的顾客及其购买情况可详细记录下来。

表 2-1　　　　　　　　　　顾客流量及购物调查卡片

被观察单位：＿＿＿＿＿＿＿　　　观察时间：＿＿＿＿年＿月＿日＿时至＿时

观察地点：＿＿＿＿＿＿＿　　　　观察员：＿＿＿＿＿＿＿

	入向	出向
人数（人）		
购物金额（元）		

（2）进入现场

调查人员进入现场应取得有关人员的同意，或出示证件说明，或通过熟人介绍，或通过关系支持而进入。一旦进入观察现场，观察者要尽快取得被观察者的信任。

（3）观察和记录

调查人员进入观察现场后按计划有步骤地进行观察，调查人员要注意观察调查对象的活动及其反应，并做好记录。为提高观察数据的可信度，调查人员可重复多次进行观察。进行观察时可以采用直接观察法和痕迹观察法。观察时必须及时进行记录，不要依赖自身记忆，观察记录应符合准确性、完整性、有序性的要求。观察记录有两种方式，一是当场记录，二是事后追忆。事后追忆多在不适合记录或不可能当场记录时采用，如观察的敏感性问题。

调查人员在进行实地观察时要注意选取的调查对象和时间应该具有代表性。要实事求是、客观公正，不得先入为主、带有主观偏见，更不能造假或歪曲事实。最好不要让被观察者有所察觉，否则无法了解被观察者的自然反应、行为和感受。调查人员在做观察记录时，应精神高度集中，遵循一定的格式，尽可能详细地记录调查内容的有关事项。

（4）整理资料

观察结束后调查人员要及时整理观察数据、图表、笔录、录音、录像、照片等资料，并对有关资料进行统计处理。

（5）分析资料

调查人员应及时分析和处理观察所得到的数据资料，找出事件的因果关系，进行总结并撰写研究报告。

实务借鉴　　　　　　　　聘人研究垃圾

美国的雪佛龙公司、阿尔可公司在做出新产品开发与营销决策前，投入不少资金聘请亚利桑那大学人类学系教授威廉·雷兹将图桑市每天的垃圾搜集起来，然后按其内容及原产品的名称、质量、数量、包装等予以分类，获得了当地食品消费的信息。雪佛龙、阿尔可等公司的食品和饮料制造厂凭此决策，果然获得成功。用威廉·雷兹教授的话说："垃圾绝不会说谎和弄虚作假，什么样的人就丢什么样的垃圾。"

2.2.5　组织实施网络调查

网络调查法，是传统调查在新的信息传播媒体上的应用。它是指在互联网上针对调查问题进行调查设计、收集资料及分析咨询等活动。与传统调查方法相类似，网络调查也有对原始资料的调查和对二手资料的调查两种方式。利用互联网直接进行问卷调查，搜集第一手资料，称为网上直接调查；利用互联网的媒体功能，从互联网搜集第二手资料，称为网上间接调查。

网络调查的程序与其他调查方法的程序相比有所不同，它的整个调查过程都在互联网的计算机上进行。网络调查的具体流程是：先在计算机上进行问卷设计并确定样本，然后将问卷通过电子邮件等形式传递给被调查者，被调查者将问卷在计算机上填好后以同样的形式传递回来，最后调查者在计算机上进行整理分析并报告结果。

1．网络调查法的优点

（1）调查成本低。实施网上调查节省了传统调查中耗费的大量人力和物力，降低了调查成本，使调查结果的得出更便捷。

（2）调查速度快。网上信息的传播速度非常快，如用 E-mail，几分钟就可把问卷发送到各地，问卷的回收也相当快。利用统计分析软件，调查人员可以对调查的结果进行即时统计，整个过程非常迅速。

（3）调查隐匿性好。网络调查的隐匿性较离线调查高，网络调查的这一特点可使被访者在填答问卷时的心理防御机制降至最低，从而保证填答内容的真实性。被调查者回答问题时更加大胆、坦诚，调查结果可能比传统调查更为客观和真实。

（4）调查具有交互性。这种交互性在网上市场调研中体现在两方面，一是在进行网上调查时，被访问者可以及时就问卷的相关问题提出自己的看法和建议，减少因问卷设计不合理而导致的调查结论的偏差等问题；二是被访问者可以自由地在网上发表自己的看法，同时不受时间的限制。

（5）调查结果的可靠性和客观性。由于网络的特殊性，被调查者容易打消顾虑，真实地回答问题，使调查的可靠性大大提高。同时，网上调查可以避免访问调查时人为的错误导致调查结论出现偏差，从而保证了调查结果的客观性。

（6）调查的可检验性和可控制性。调查人员利用网上调研收集的信息，可以有效地对采集信息的质量实施系统的检验和控制。因为网上市场调查问卷可以附加全面规范的指标解释，有利于消除因对指标理解不清或因调查员解释口径不一而造成的调查偏差。问卷的复核检验由计算机依据设定的检验条件和控制措施自动实施，可以有效地保证对调查问卷进行 100%的复核检验，保证检验与控制的客观性和公正性。

2．网络调查法的缺点

（1）样本数量的局限性。网络调查的最大问题，是样本数量的局限性。如果市场调查的目的是针对大范围目标对象，运用网络调查法进行调查活动将存在一定的困难。

（2）调查结果的准确性不能验证，结果的正确与否很难断定。网络调查一方面受被调查者对互联网技术和操作方法的熟练程度的影响；另一方面也受被调查者态度的影响，因为在访问过程不被监控，完全取决于自身，如果被调查者是漫不经心的回答，资料的准确性必然降低。

（3）调查问卷回收率低。网络调查问卷在美国的回收率只有15%，在我国则更低。为了提高回收率，调查人员必须对调查问卷的设计技巧提出更高的要求。

（4）对象的不确定性。在进行网络访谈时，你甚至不知道与你进行对话的是一个什么样的人。实际上，在上网的人中，比较多的是年轻人。因此，对市场细分和目标市场的选择，这样的调查活动可能完全没有帮助。

（5）方法与技术有待研究。利用计算机网络进行市场调查的方法和技术，仍然需要进行深入的研究。例如，这种方法的缺点应该如何克服？调查人员如何获得除了语言文字以外的信息？不少机构和人士尽管已经在计算机网络上进行了各种各样的调查活动，但对于网络调查给予真正的研究和评估还有待于深入探索和实践。

3．网络调查的主要形式

（1）网上直接调查

网上直接调查方法是利用E-mail直接进行问卷调查收集第一手资料。如将问卷设计好后，按照已知的 E-mail 地址发给接受者，或者直接粘贴在自己的网站上。按照调查方法不同，网上直接调查可以分为网上问卷调查法、网上实验法和网上观察法，常用的是网上问卷调查法。

这种方法是将问卷在网上进行发布，被调查对象通过互联网完成问卷的调查。

网上问卷调查一般有两种途径：一种是将问卷放置在网站站点上，等待访问者访问时填写问卷。这种方式的好处是填写者一般是对此问卷的内容感兴趣的人，但缺点是无法核对问卷填写者的真实情况以及无法纠正某些错误；另一种是通过 E-mail 的方式将问卷发送给被调查者，被调查者完成后将结果通过 E-mail 返回。调查人员采用该方式时首先应争取被访问者的同意，或者估计被访问者不会反感，并向被访问者提供一定补偿，如有奖问答或赠送小件礼物，以降低被访问者的拒访率。

（2）网上间接调查

网上间接调查主要是利用互联网收集与企业营销相关的市场、竞争者、消费者以及宏观环境等信息。企业用得最多的还是网上间接调查方法，因为它的信息广泛满足企业管理决策的需要，而网上直接调查一般只适合于针对特定问题进行专项调查。常用形式有以下几种。

① 利用公告栏收集资料。公告栏的用途多种多样，一般可以作为留言板，也可以作为聊天（沙龙）、讨论的场所。利用 BBS 收集资料主要是到主题相关的 BBS 网站进行了解情况。

② 利用 E-mail 收集资料。E-mail 是 Internet 中使用最广的通信方式，它不但费用低廉，而且使用方便快捷，最受用户欢迎。目前许多传统媒体，以及一些企业都利用 E-mail 发布信息。

③ 利用搜索引擎收集资料。使用较多的搜索引擎主要有百度、谷歌等。

④ 利用相关的网上数据库查找资料。网上数据库有付费和免费两种，通常市场调查用的数据库是付费的。

扫一扫

网上调查设计
与问卷

4．网络调查法的应用

网络调查法主要是利用企业的网站和公共网站进行的市场调查研究，有些大型的公共网站建有网络调查服务系统，该系统是拥有数十万条记录的有关企业和消费者的数据库。利用这些完整详细的会员资料，数据库可自动筛选受访样本，为网络调查提供服务平台。网络调查的应用领域十分广泛，主要集中在产品消费、广告效果、生活形态、社情民意、网上直报、产品市场供求等方面。

2.2.6 控制市场调查

市场调查的组织与控制是对调查人员基本素质、责任感等方面进行有效规范和管理，从而保障市场调查作业的质量，确保市场调查结果的准确性和客观性。市场调查的组织与控制包括市场调查项目控制和市场调查人员控制。

一、市场调查项目控制

（1）监督调查计划的执行

调查工作计划是指为确保调查的顺利实施而拟定的具体工作安排，包括调查人员安排和培训、调查经费预算、调查进度日程等。调查工作计划直接关系调查作业的质量和效益。调查人员的工作能力、职业态度、技术水平等会对调查结果产生重要影响。一般要求调查人员应具备沟通能力、创造力和想象力；调查费用因调查种类和收集资料精确度的不同而有很大差异。调查组织者应事先编制调查经费预算，制定出各项费用标准，力争以最少的费用取得最好的调查效果。调查进度日程指调查项目的期限和各阶段的工作安排，包括规定调查方案设计、问卷、抽样、人员培训、实地调查、数据录入、统计分析、报告撰写等完成日期。为保证调查工作的顺利开展和按时完成，调查者可制定调查进度日程表，对调查任务加以具体规定和分配，并对调查进程随时进行检查和控制。

（2）审核调查问卷

在问卷的初稿完成后，调查者应该在小范围内进行试验性调查，了解问卷初稿存在哪些问题，以便对问卷的内容、问题和答案、问题的次序进行检测和修正。试验性调查的具体方法可以是这样：调查者选择一些有代表性的调查对象进行询问，将问卷中存在的问题尽可能表现出来，如问卷中的语言使用、问题的选项、问卷的长短等，然后依据测试调查的结果，看问卷中所有问题是否乐意回答或能够回答，哪些问题属于多余，还有哪些不完善或遗漏的地方。调查者发现问题，应该立即进行修改。如果预先测试导致问卷内容发生了较大的变动，调查者还可以进行第二轮测试，以使最后的定稿更加规范和完善。

（3）审核抽样方法

抽样方法的选择取决于调查研究的目的、调查问题的性质及调研经费和允许花费的时间等客观条件。调研人员应该在掌握各种类型和各种具体抽样方法的基础上，对拟选择的抽样方法进行验证。只有这样才能在各种环境特征和具体条件下及时选择最为合适的抽样方法，以确定每一个具体的调查对象，从而保证数据采集的科学性。

二、市场调查人员控制

市场调查人员所收集的被访者的问卷是研究者重要的信息来源。但实际调查中，由于各种原因，调查人员的问卷来源不一定真实可靠，因此就必须对调查人员进行适当的监控，以保证调查问卷的质量。

对调查人员的监控一般利用下列4种手段来判断调查人员访问的真实性，然后再根据每个调查人员的任务完成质量，从经济上给予相应的奖励或惩罚。

（1）现场监督。调查人员在进入现场调查时有督导跟随，以便随时进行监督并对不符合规定的行为进行指正。这种方法对于电话访谈、拦截访问、整群抽样调查时比较适合。

（2）审查问卷。对调查人员收集来的问卷进行检查时，监控人员要看问卷是否有质量问题，是否有遗漏；答案之间是否有前后矛盾；笔迹是否一样等。

（3）电话回访。根据调查人员提供的电话号码，督导或专职访问员进行电话回访。

（4）实地复访。如果电话回访找不到相关的被访问者，根据调查人员提供的真实地址，督导或专职访问员进行实地复访。这种方法比电话回访真实可靠，但需要花很多的时间和精力。

在电话回访和实地复访过程中，督导或专职访问员通常要根据以下几个方面来判断调查人员访问的真实性：一是受访者电话能否打通或地址能否找到；二是受访者家中是否有人接受访问；三是受调查的问题是否跟该调查吻合；四是调查时间是否跟问卷记录时间相符；五是受访者所描述的访问员形象是否与该访问员相符；六是访问过程是否按规定的程序和要求执行。

一试身手

和同学们一起讨论督导或专职访问员应该怎样对调查人员进行控制管理，以保证调查的质量。

实训 2

实施电话访问调查

实训目的：认识电话访问调查方法。

实训要求：

1. 划分学习小组，模拟一项调查活动。
2. 根据调查活动的目的与内容模拟电话访问过程。
3. 对分组收集的资料进行整理并讨论，提交讨论结果。

项目小结

本项目主要介绍组织实施市场调查的相关知识，包括组建市场调查工作组、培训调查人员、实施市场调查及调查过程管理等方面的内容。

案例分析

中国人能接受凉茶吗

1999 年，北京一家生产饮料的企业曾组织过这样一场市场调查活动。在一间宽大的单边镜访谈室（也称深度访谈室，里面的人看不到外面，外面的人可以观察到里面被访者的一举一动，以便得到被访问者更真实的反应）里，桌子上摆满了没有任何标签的杯子，有几个被访问者被请了进去，逐一品尝着不知名的饮料，并且把口感描述出来写在面前的卡片上。这场调查的目的是：公司试图推出的新口味饮料能不能被消费者认同。

在这之前，大量的二手资料相关调查显示：中国人历来有喝热茶的习惯，超过 60%的被访问者认为不能接受"凉茶"，他们认为中国人忌讳喝隔夜茶，凉茶更是不能被接受。该企业调查项目小组认为，只有进行了实际的口味测试才能判别这种新产品的可行性。通过现场测试，该企业终于拿到调查的结论。经过分析后，产品研发部门的信心被彻底动摇了。被测试的消费者表现出对凉茶的抵抗，一致否定了装有凉茶的测试标本。就这样，刚刚试制出来的新产品在调查中被否定了。

2000 年和 2001 年，以旭日升为代表的凉茶在中国全面旺销，这家饮料企业再想迎头赶上为时已晚，一个明星产品就这样穿过详尽的市场调查与市场擦肩而过。说起当年的教训，当时该企业的一位市场调查的负责人还很惋惜："我们举行口味测试的时候是冬天，被访问者从寒冷的室外来到现场，没等取暖就进入测试，寒冷的状态、匆忙的进程都影响了访问者对味觉的反应。测试者对口感温和浓烈的口味表现出了更多的认同，而对清凉淡爽的凉茶则表示排斥。测试状态与实际消费状态的偏差让结果走向了反面。"

"驾驭数据需要系统筹划。"好在这家企业并没有从此怀疑市场调查本身的价值，"去年，我们成功组织了对饮料包装瓶的改革，通过测试发现如果在塑料瓶装的外形上增加弧形的凹凸不仅可以改善瓶子的表面应力，增加硬度，更重要的是可以强化消费者对饮料功能性的心理认同。"

北京一家知名调查公司副总经理说："调查失败如同天气预报给渔民带来的灾难，无论多么惨痛，你总还是要在每次出海之前，听预报、观天气、看海水。"（资料来源：朱华. 市场营销案例精选精析，北京：中国社会科学出版社，2009.）

根据上述材料，回答以下问题：

1. 你认为公司的调查组织存在什么问题？

2. 从该案例中我们可以得出哪些启示？

项目实践

对市区某大型超市的服务满意度实施现场顾客访问调查

背景资料：

抽样方案：在超市的入口处或扶梯旁，每 10 名成年人抽出一位进行访问调查，每位同学至少完成 10 人的工作量。本次调查完成量要超过 300 份问卷。

问卷包含的问题：

（1）您对卖场购物环境的总体满意程度是_____。

    A. 非常满意   B. 比较满意   C. 一般   D. 不满意   E. 很不满意

（2）您对卖场营业员的服务态度的满意程度是_____。

    A. 非常满意   B. 比较满意   C. 一般   D. 不满意   E. 很不满意

（3）您对卖场收银员的服务态度和业务处理速度的满意程度是_____。

    A. 非常满意   B. 比较满意   C. 一般   D. 不满意   E. 很不满意

（4）您对卖场售后服务的总体满意程度是_____。

    A. 非常满意   B. 比较满意   C. 一般   D. 不满意   E. 很不满意

训练要求：

（1）对班级学生进行分组，每组 5 人左右，以小组为单位实施训练，每组确定一位组长，负责沟通与协调。小组之间既分工又协作，做好各项准备。

（2）制作招聘访问员的广告，在校园内张贴。

（3）拟定面试题目，按照一定程序进行面试录用。

（4）对录用同学进行基础培训，撰写基础培训提纲。

（5）对录用同学进行项目培训，撰写专项培训提纲。

（6）各小组成员陪同应聘上岗的访问员实施调查。

（7）调查结束后访问员总结访问经验，小组人员进行汇总，撰写调查工作总结。

（8）以小组为单位，上交上述任务的电子文档与纸质文档。

（9）根据调查存在的问题进行交流和讨论。

考核评价

任务考核评分表

评价指标		评价标准	成绩评定			
			个人自评 20%	本组互评 30%	他组评价 30%	教师评价 20%
职业能力（共 50 分）	自我学习（10 分）	能掌握实施市场调查的程序与流程；能了解调查人员的选择标准、培训原则、培训方法和培训内容；能理解对调查人员进行管理的方法				
	解决问题（10 分）	能够组建调查队伍，进行各项准备工作；能够搜集、整理数据材料，实施市场调查；能够对调查工作进行初步评估				
	与人交流（10 分）	掌握沟通技巧，善于表达，具有亲和力，能很好地与被调查者交流，顺利获取需要的信息				
	与人合作（10 分）	互相尊重，平等相待，友善合作，互相商讨，协同完成任务				
	工作创新（10 分）	不拘泥于理论、经验与形式，善于寻找高效实施调查的技巧和方法，对环境变化灵活应对，及时处理突发问题和事件				
职业道德（共 50 分）	职业观念（10 分）	能正确认识调查人员的职业道德和企业营销伦理问题				
	职业情感（10 分）	对调查工作有愉快的主观体验，稳定的情绪表现、良好的心态，具有强烈的职业认同感和荣誉感				
	职业态度（10 分）	工作积极，对调查有充分的认知和积极的行动倾向				
	职业责任（10 分）	严格自律，责任感强，具有较强的敬业精神				
	职业作风（10 分）	作风良好，自觉行动				
合计						
任务总成绩						

个人参与度评分标准

项目	优	良	中	差
调查工作表现	提前或准时到现场开展工作 0.3	迟到 5 分钟以内，能顺利开展工作 0.25	迟到 10 分钟以内，在提示下开展工作 0.2	迟到 10 分钟以上，工作心不在焉 0.1
承担调查工作量	承担实训任务并负责小组调查管理 0.4	承担实训任务并协助小组负责人工作 0.35	承担实训任务 0.3	应付 0.1
完成调查任务态度	积极主动，认真努力 0.3	认真对待 0.27	不太重视，马马虎虎 0.2	拒绝 0

优：0.12+0.18+0.4+0.3=1。小组长根据每位学生成员的讨论表现、承担的工作量、完成任务的态度等各项的具体表现对照评分，然后加总就是该学生的实训参与度评分。

小组名称：

组长：	个人参与度分数=
成员：	个人参与度分数=
成员：	个人参与度分数=
成员：	个人参与度分数=
成员：	个人参与度分数=
成员：	个人参与度分数=

个人成绩=任务总成绩×个人参与度

课后自测

一、单选题

1. 在调查队伍中，（　　）协调各部门的关系，起草初步的计划，制定预算并监督资源的使用。其责任是确保项目的目标、预算和计划的执行。

    A. 督导员　　　　B. 项目主管　　　　C. 调查人员　　　　D. 数据录入员

2. （　　）是指对被调查者进行访问调查、采集原始数据的专职或兼职人员。

    A. 督导员　　　　B. 项目主管　　　　C. 调查人员　　　　D. 数据录入员

3. （　　）是市场调查人员应该具备的职业道德。调查人员不能将受访者个人隐私的调查结果透露给其他人员。

    A. 提问　　　　　B. 记录　　　　　　C. 保密　　　　　　D. 审查

4. （　　）主要是对市场调查人员的职业道德、行为规范和调查技巧进行培训。

    A. 项目培训　　　B. 基础培训　　　　C. 礼仪培训　　　　D. 技巧培训

5. 调查人员的（　　）是在基础培训的基础上进行的，是针对具体调查项目的说明会。

    A. 项目培训　　　B. 基础培训　　　　C. 礼仪培训　　　　D. 技巧培训

6. （　　）主要职责包括：拟定调查方案和数据处理计划，进行抽样设计、问卷设计、数据分析工作以及撰写调查报告，此外还负责向客户汇报调查结果、提供咨询服务等。

    A. 督导员　　　　B. 研究人员　　　　C. 调查人员　　　　D. 数据录入员

7.（　　）是指在固定场所（如交通路口、生活小区、商场等）拦截被调查人员符合条件者进行面对面访问。

    A. 入户访问调查   B. 街头拦截访问调查

    C. 电话访问调查   D. 邮寄调查

    E. 留置调查

8.（　　）是指调查人员不与被调查者正面接触，而是通过在旁边观察和记录来收集资料的一种调查方法。

    A. 访问调查   B. 实验调查   C. 网络调查   D. 观察调查

二、多选题

1. 具体来说，专业市场调查机构的职能有以下几个方面：（　　）。

    A. 承接市场调查项目   B. 提供信息

    C. 提供咨询服务   D. 提供专项培训服务

2. 选择市场调查人员，在招聘过程中，主要考虑的条件应该包括以下几点内容（　　）。

    A. 责任心   B. 普通话   C. 外在仪表   D. 教育程度

3. 市场调查人员的思想品德素质要求主要包括（　　）。

    A. 政治素质   B. 道德修养   C. 敬业精神   D. 谦虚谨慎，平易近人

4. 市场调查人员的培训的方式主要有（　　）。

    A. 集中讲授   B. 模拟访问   C. 督导访问   D. 礼节调查

5. 市场调查人员培训的方法主要是（　　）。

    A. 体能训练   B. 礼仪训练   C. 书面训练   D. 口头训练

6. 访谈调查的形式很多，主要包括（　　）。

    A. 入户访问调查 B. 拦截访问调查 C. 电话访问调查

    D. 邮寄调查   E. 留置调查

7. 网络调查法的缺点主要有（　　）。

    A. 样本数量的局限性   B. 结果的正确与否很难断定

    C. 调查问卷回收率低   D. 对象的不确定性

    E. 方法与技术有待研究

8. 对调查人员的监控一般利用下列（　　）手段来判断调查人员访问的真实性，然后再根据每个调查人员的任务完成质量，从经济上给予相应的奖励或惩罚。

    A. 现场监督   B. 审查问卷   C. 电话回访   D. 实地复访

三、名词解释

1. 访谈调查：

2. 街头拦截访问调查：

3. 电话访问调查：

4. 观察调查：

5. 网络调查：

四、简答题

1. 市场调查工作组包括哪些人员？

2. 专业市场调查机构具有哪些职能？

3. 招聘市场调查人员主要考虑什么条件？

4. 企业内部调查机构具有哪些职能？

5. 市场调查人员的素质要求有哪些？

6. 市场调查人员应具有哪些责任？

7. 市场调查人员培训的主要内容。

8. 市场调查人员项目培训的一般程序。

9. 市场调查人员项目培训的主要方式有哪些？

10. 市场调查人员培训的主要方法有哪些？

11. 市场调查人员培训中有哪些应注意的关键问题。

12. 如何组织实施问卷调查？

13. 调查人员所引起的问卷质量问题情形有哪些？

14. 访谈调查法主要有哪些形式？

15. 街头拦截访问调查的优缺点。

16. 街头拦截访问一般分为哪几个步骤？

17. 电话访问调查的准备工作有哪些？

18. 电话访问调查的优缺点。

19. 实施观察调查需要做哪些准备？

20. 实施网络调查的优缺点。

21. 网络调查的主要形式。

22. 市场调查的管理控制包括哪些内容？

五、分析题

"Little Vittle"鸡饲料品牌的市场占有率

"小维托"（Little Vittle）是一种鸡饲料品牌，简称为 LV。发展 LV 是 D 先生的职责。自从首创 LV 以来，在其销售的 4 年中，与其他鸡饲料相比，LV 持续迅速发展，所以管理部门认为 LV 在产品发展期，其策略目标是提高其在全部鸡饲料市场的占有率。因此，D 的总体目标瞄准了争取最大的市场占有率。鉴于广告是完成总体目标的控制手段，D 准备利用广告的感染力，使鸡的饲养者最大限度地购买 LV 品牌。这个基本决策归结起来是：鸡饲料市场的哪一部分将作为下一年度广告战的目标？

鸡饲料市场主要可分为雏鸡饲料市场与成年鸡饲料市场两个部分。D 认为经过 3 年的开发，雏鸡饲料市场已开发得差不多了，在过去五年里，D 已经转到第二个细分市场，即成年鸡饲料市场。但是，现在 D 又担心原先占有的市场份额可能下降。因此 D 先生对营销调查部门有下述的请求：

决策目标：选择两个市场的哪一个作为 LV 广告的目标观众。

资料目标：测量这些可供选择的市场，看哪一个通过广告手段，在提高市场占有率方面有更大的潜力。

问题：你认为营销部门应从哪几个方面收集资料来确定决策目标。

【学习收获】

项目三
处理分析调查资料

项目导入

在市场调查活动中，企业根据市场调查企划，选择了适当的调查方法，并完成了市场调查资料的收集工作后，下一步就是处理分析调查资料了。其中重要工作就是对调查资料的统计、分析和调查报告的撰写。这是市场调查是否能发挥效用的关键。所以，本项目重点介绍调查资料的统计分析方法及调查报告的撰写方法。

学习目标

知识目标

1. 掌握问卷登记、审核和分组的方法。
2. 识记编码和录入数据的要点。
3. 掌握调查资料的分析方法。
4. 认识市场调查报告的结构和内容。
5. 清楚市场调查报告的编写要求。

能力目标

1. 能按要求对问卷进行登记、审核、分组。
2. 能够根据项目要求确认数据资料。
3. 能够根据项目要求组织数据录入。
4. 能够根据项目要求进行数据分析。
5. 能够根据项目要求撰写调查报告。

调查故事

第三方公司存在的最大价值就在于公平、公正、可信，它独立于企业之外。但是，随着第三方公司越来越多，它们所拥有的企业客户也不断增多。在市场需求和行业竞争的条件下，一条第三方公司与企业互为勾结的统计报告利益链条诞生。企业需要什么数据，第三方公司就会提供什么数据。结果各类统计数据满天飞，对同一对象的调查频出不同的结果，第三方数据的公信度遭到质疑。

最近被炒得火热的 SaaS 市场风波再起。作为 SaaS 领域主要的厂商，金蝶友商网日前向记者发了一封邮件，公开怀疑第三方机构易观国际的数据"有问题"。

事情缘于易观国际最新公布的《2010 年第二季度 SaaS 市场监测》报告，其中提到根据"交付价值"标准衡量，用友伟库网成为行业第一。对此，金蝶友商网认为，衡量 SaaS 产业的核心指标一直是注册用户数、付费用户量和销售额，易观国际以往也是采用这种业界通行的指标。而自 2010 年以来，易观国际开始使用"交付价值"来分析 SaaS 行业。这一概念到底是"交付本身的价格"，还是"交付之后产生的价值"，让业界莫名其妙。金蝶友商网同时拿出了一份支撑自己行业地位的数据：国际机构 IDC 2009 年 3 月发布的《服务大未来》趋势报告和计世资讯 2010 年 6 月发布的《中国管理型 SaaS 市场报告》均显示，金蝶友商网以占据市场 32.7% 的份额排名第一。

在双方都有第三方证明的情况下，到底谁才是行业第一，公众已然失去了判断的能力。企业宣传自己夸大自身实力无可厚非，可是象征着公平公正的第三方数据为何在同一对象上出现分歧，不得不令人质疑。

当越来越多的第三方数据无法服众时，第三方数据公司将不可避免地陷入到一场信任危机中，行业发展中存在的诸多不为人知的造假行为越来越多地被人挖出来公诸于众。

第三方监测公司本应是独立于企业之外的，公平、公正的监测企业发展过程中的一些真实有效的数据。但是，目前越来越多的企业发展成了第三方公司的客户，双方之间也就难免掺杂进一些"剪不断，理还乱"的利益关系，如此情况下出来的数据报告难免有失公允。

市场调查资料整理工作一定要遵守职业准则，否则会大大影响分析结果的可信程度，进而影响行业公信力。

任务 3.1 | 整理统计调查数据

任务提示

市场调查活动中的实地调查结束后，调查工作即进入调查资料的整理和分析阶段。调查人员收集好已填写的调查表后，对调查表进行逐份检查，剔除不合格的调查表，然后将合格的调查表统一编号，便于调查数据的统计。调查资料的整理对市场调查人员来说，是一个对市场现象认识、深化的过程。如果说，实地调查阶段是认识市场现象的感性阶段，那么，资料整理阶段是认识市场现象的理性阶段。只有经过调查资料的整理，才能发现市场现象的变化规律。

知识链接　　　　　　　　整理调查资料的意义

调查资料的整理，就是运用科学的方法，对调查所获得的各种原始资料进行审核、分类处理和综合加工。使之系统化和条理化，同时以集中、简明的方式反映调查对象总体情况的工作过程。整理调查资料具有以下重要意义。

1. 调查资料的整理是市场调查研究中十分重要的环节

市场调查取得的原始资料是从各个被调查单位收集来的，是零散的、不系统的资料，表明各被调查单位的情况，反映被调查事物的表面现象，不能说明被研究对象的全貌和内在联系。而且收集的资料难免出现虚假、差错、短缺、余冗等现象，只有经过加工整理，才能使调查资料条理化、简明化，确保调查资料正确和可靠。

2. 调查资料的整理，可以大大提高调查资料的使用价值

市场调查资料的整理过程是一个去粗取精、去伪存真、由此及彼、由表及里、综合提高的过程。它能有效提高信息资料的浓缩度、清晰度和准确性，从而大大提高调查资料的使用价值。

3. 调查资料的整理是保存调查资料的客观要求

市场调查得到的原始信息资料，不仅是企业当时做出决策的客观依据，而且对今后研究同类市场经济活动现象具有重要的参考价值。因此，调查人员在每次市场调查后都应该认真整理调查的原始信息资料，便于今后长期保存和研究。

3.1.1　确认数据资料

一、回收、登记问卷

随着实地调查工作的展开，项目管理控制部门应开始考虑安排调查问卷的回收工作。调查问卷的回收要由项目组专人负责，加强回收工作的责任制，保证问卷的完整性与安全性。

（1）各调查点完成的问卷分别编号存放

如果调查项目较大，调查工作可能涉及多个调查地点。根据调查计划，随时会有不同的调查人员交回不同的问卷。问卷回收部门一定要细心、妥善地将各种问卷及时进行编号，分门别类地存放或移交给研究部门。

（2）填写问卷登记表

为了加强回收问卷的管理，调查人员一般事先需要专门设计登记表格。表格的具体内容有调查资料的地区及编号、调查人员的姓名及编号、调查实施的时间、问卷交付的日期、问卷编号、实发问卷数、未答问卷数、丢失问卷数等。

（3）做好标记

回收的问卷应分别按照调查人员和不同地区（或单位）放置，醒目标明编号或注明调查人员和地区、单位，以方便整理和查找。

二、审核调查问卷

所谓调查资料的审核，是指对已经搜集到的资料进行总体检验，检查其是否齐全，是否有差错，以决定是否采用此份调查资料的过程。对调查资料的审核是多方面的，主要集中在审核资料是否完整、是否准确、是否具有时效和是否一致等。

（1）完整性审核

完整性审核主要检查 3 个部分的内容。一是审核调查资料总体单位是否齐全，有没有被遗漏的调查对象，如事先规定样本是 120 户居民，调查资料只有 80 户居民，这就是调查资料不完整。二是审核调查项目（标志）的回答是否完整，调查问卷的所有问题都应有答案。答案缺失，可能是被调查者不能回答或不愿回答，也可能是调查人员遗忘所致。资料整理人员应决定是否接受该份问卷。如果接受就应马上向原来的被调查者询问，填补问卷的空白；或者询问调查人员有无遗漏，能否追忆被调查者的回答。否则，就应放弃该份问卷，以确保资料的可靠性。三是审核调查资料的详细程度是否符合要求。例如，对某商品的销售额进行调查，调查人员预定收集该商品各品种、规格、花色、型号在各个地区的销售额资料，而如果只收集了一个总销售额数字或只有一个地区的销售资料，这就太不完整了。

（2）准确性审核

准确性审核可以通过逻辑检查、比较审查法和设置疑问框等方法进行。

逻辑检查是分析标志、数据之间是否符合逻辑，有无矛盾或违背常理，即进行合理性检查。例如，在家庭住户调查登记中，填写内容为某人年龄：12 岁；文化程度：大学；职业：干部。这显然是不符合逻辑的，被调查者在登记中有误，应进行更改。

比较审查法是利用指标数据之间的关系及规律进行审查。

设置疑问框审查是利用指标之间存在一定的量值与比例关系，通过规定疑问框，审查数据是否有疑问。因此，疑问框的设计应由经验丰富的专家负责，才能取得良好的效果。

（3）时效性审核

时效性审核是检查各调查单位的资料在时间上是否符合本次调查的要求，其中包括接收资料是否延迟，填写的资料是否是最新资料等。避免将失效、过时的信息资料用作决策的依据。

（4）一致性审核

一致性审核是检查资料前后是否一致，避免其自相矛盾。

实务借鉴　　　　　　　　前后矛盾的问卷

在一次洗发水调查中，一位调查者在对某一问题的回答中表述钟爱 A 品牌的洗发水，但在另一个问题的回答中却说自己经常购买 B 品牌洗发水。显然他的答案前后不一致，当这种情况产生时，审核人员就应该再向被调查者询问，或将此问卷视为无效问卷。

三、处置有问题的问卷

（1）返回现场重新调查

此方法适用于规模较小、被调查者容易找到的情形。但是，调查时间、调查地点和调查方式可能发生变化，影响二次调查的数据结果。

（2）视为缺失数据

在无法退回问卷，不能重新调查的情形下，调查人员可以将这些不满意的问卷作为缺失值处理。如果不满意的问卷数量较少，而且这些问卷中令人不满意的回答的比例也很少，涉及的变量不是关键变量，此情况下调查人员可采取此方法。

（3）视为无效问卷

存在以下情况，问卷应该被视为无效问卷，可放弃不用。

① 回答令人不满意的问卷占问卷总数的比例很小，在 10%以下。

② 样本量很大。

③ 不满意问卷与合格问卷的答卷者在人口特征、关键变量等方面的分布没有明显差异。

④ 准备放弃的问卷中令人不满意的回答比例较大。

⑤ 关键变量的回答缺失。

重要概念　　　　　　　　资料分组的概念

调查资料分组，是指调查人员根据市场调查的目的、要求，按照市场现象的一定标志，把调查的有关资料分为不同类型或性质的组。

四、资料分组

（1）资料分组类型

① 按品质标志分组。品质标志反映的是被研究市场现象的属性或特性。按品质标志分组就是选择反映事物属性差异的品质标志作为分组标志。例如，消费者按性别、文化程度、职业、民族等标志进行的分组。

② 按数量标志分组。数量标志直接反映所研究的市场现象的数量特征。按数量标志分组，就是选择事物数量差异的标志作为分组的标志。例如，某一消费者群体的人数，按消费者在一定时间内购买某种商品的次数进行分组。按照数量标志分组的目的并不是单纯的确定各组间的数量差别，而是要通过数量的变化来区分各组的不同类型和性质。

③ 按地区标志分组。按地区标志分组即是选择事物发生的地区差别的标志作为分组的标志。例如，按经济区、省、市，或按城市市场、农村市场进行分组。

实务借鉴　　　　　　　　分组标志选择举例

调查某市居民家庭人口状况，调查人员抽取 1 000 户进行调查，对调查资料整理后分组，如表3-1所示。

表 3-1			某市居民家庭人口调查			
按人口数分组（人）	1 人	2 人	3 人	4 人	5 人以上	合计
家庭数（户）	158	262	330	160	90	1 000

从表 3-1 中可以看出，现代城市居民家庭规模逐渐变小，3 人的家庭最多，5 人以上的大家庭最少。

（2）资料分组方式

调查资料经过分组后，就要进行统计汇总。调查人员根据实际需要还可绘制统计表和统计图，以便直观、形象、生动地反映调查研究对象的特点和规律。根据统计分组时采用标志的多少，有简单分组和复合分组两种分组方法。

① 简单分组是对所研究的现象只采用一个标志进行单一分组。例如，生产总值按产业分为第一产业、第二产业、第三产业 3 组；货运量按运输方式分为铁路运输、公路运输、水陆运输、航空运输与管道运输 5 组。

② 复合分组是对所研究的现象采用两个或两个以上的标志进行连续分组。例如，对某一地区消费者总量进行分担，可以首先采用年龄标志，然后按照职业标志，进一步根据收入等标志进行多次分组。

阅读资料　　　　　　　　**资料分组的作用**

第一，可区分社会市场经济现象的类型。社会现象之间存在着本质差异。这些差异构成了不同的类型，调查人员通过分组划分出各种不同类型，对各种类型的数量表现进行分析研究，就可以认识各种类型的本质特征及其发展变化的规律。

第二，可反映事物的内部结构及比例关系。通过分组，调查人员可以了解样本总体内部各部分在总体中所占的比重和各部分之间的比例关系，而这些资料对于全面认识总体是非常重要的。

第三，可以研究不同市场现象之间的依存关系。一切市场现象都不是孤立的，而是相互联系、相互制约的。

知识链接　　　　　　　　**数据分组的原则**

① 分组的组数应当适当，以便能够真实地反映数据之间的差异。

② 各组内的回答应该性质相同，或答案相似。

③ 各组之间的回答应该有差别。

④ 各组应相对独立。各组之间不能有任何重合的部分；每一个答案只能放在唯一的组内。

⑤ "其他回答"包括"不知道""不清楚"这样的答案应另列一组。

⑥ 等组距原则。如果是组距式分组，组距应该尽可能是等距，因为等距分组有利于揭示数据的内在规律。

3.1.2 编码、录入数据

🌂 **重要概念**　　　　　　　　**什么是编码**

编码就是将问卷中所有的调查问题和每一个答案都分配一个代码，即把文字等形式的问题及答案转化成统一设计的计算机可识别的符号或数字。

编码把问题等复杂信息转化为数字的简单信息，大大减少了录入的工作量，帮助调查人员利用计算机迅速进行分析工作，能够节省时间和费用，提高工作效率；同时，编码将定性数据转化为定量数据，进而调查人员可任意利用统计软件，采用统计分析方法进行定量分析。在编码过程中，调查人员还可以利用编码修正回答误差，替代缺失值，减少调查误差。所以，编码是调查资料整理中很重要的工作。

一、编码

（1）编码方式

① 事前编码。事前编码是针对结构性问题的一种编码方法，方法相对简单。因为调查人员对问题事先都已规定备选答案，所以每一个问题的每一个答案都可以赋予编码，并对答案代码的含义和所在栏目予以说明。

⚠️ **实务借鉴**　　　　　　　　**事前编码举例**

您家有洗碗机吗？　　1．有　　2．没有　　（13）

在这个问题中，代码1代表"有"，代码2代表"没有"，括号中的数字表示这个答案记录在编码表中的第13栏。

② 事后编码。事后编码是指问卷调查及回收工作完成以后再对调查问题进行编码设计。需要进行事后编码的问题主要有两类，一是封闭型问题的"其他"选项，二是开放型问题或非结构性问题。由于以上两类问题的回答较为复杂，所以一般需要在资料收集完成后，再对调查问题进行编码设计。事后编码一般需由具有专业素质的编码人员进行。

⚠️ **实务借鉴**　　　　　　　　**事后编码举例**

回答问卷中："您为什么选择海尔空调？"调查人员收集到了一些回答并列出所有答案：

1．节能环保

2．外形美观

3．价格公道

4．噪声低

5．空调效果好

6. 性价比高

7. 高科技

8. 体积小

9. 大品牌

10. 邻居都用这个牌子

11. 经常在广告中见到

12. 没想过

13. 不知道

14. 没什么特别原因

……

这么多答案，如果不进行归类整理，就不好分析。所以，应该将一些意思相近的回答归到同一类，再从中分析原因。上述答案的合并归类，如表3-2所示。

表 3-2　　　　　　　　　　问卷回答合并归类

回答类别描述	答案归类	分配的数字编码
质量、科技	1，4，5，7	1
外形	2，8	2
价格实惠	3，6	3
大名牌	9，10，11	4
不清楚	12，13，14	5

⏰ **一试身手**

回答问卷中"今后两年内您为什么不想购买燃气热水器？"调查人员收集到以下回答。

1. 我可以在单位洗澡，没有必要买。

2. 它们的外观不好看，影响卫生间布局。

3. 颜色不好，价格又贵。

4. 听说使用有安全隐患。

5. 体积太大，厨房里不好安装。

6. 国产热水器使用不方便。

7. 我不太了解。

8. 安装和维修都比较麻烦，还是不买了。

9. 我不喜欢它的外观，而且颜色太单调。

这么多回答，如果不进行归类处理，就不好去分析，请同学们讨论，集思广益，如何对这些答案进行分组。

（2）编码过程

无论是事前编码还是事后编码，工作程序基本一致，主要包括以下几个方面。

① 对问卷编码。例如，一共有1 000张调查问卷，则应占4位数，每份问卷设定一个代码，分别从001～1 000。

② 对问卷中的问题进行编码。一种做法是将问卷中问题本身的序号作为代码；另一种做法是每一道题用英文单词或汉语拼音的前几个字母作为变量代码。例如，年龄用"age"或"NL"等。还有一种做法是将问卷的所有题目分为不同的大类进行编码。例如，在消费者行为调查问卷中，反映消费者基本情况的题目用A表示，反映消费者行为动机态度类的题目用B表示。

③ 对问卷的答案进行编码，有以下两种方式。

第一种，对封闭式答案的编码。如果为单选答案，则可以直接用答案的选项号作为编码。如果是多选答案，针对排序题答案全选且排序，直接用选中的号码作为答案代码。针对选部分答案的多选题，可直接采用所选代码代表，往往用0表示没选。

第二种，对开放式答案的编码。对数字式开放题，直接用回答的数字作为代码。对文字式开放问题，应将所有可能的答案类别赋予相应代码。做法是：首先抽取部分问卷，仔细阅读每个被调查者对该特定问题的回答，每遇到一个新的答案类别就记录下来，同时记录每个答案类别出现的频数，将答案进行归类，然后给所分类别定一个编码。但要注意不要分太多类别，将个数较少、可不予考虑的答案归入"其他"项。显然，开放式答案的编码只能采用事后编码的方式。

实务借鉴　　　　　　　　　多选答案编码举例

例如，您对下列品牌洗发水的信任程度排序是（　　　）。

a. 海飞丝　　　　b. 飘柔　　　　c. 力士　　　　d. 潘婷　　　　e. 欧莱雅

如某被调查者的答案为34152，则直接可以用作该答案的代码。

例如，发生火灾时，应该（　　　）。

a. 用湿毛巾捂住口鼻　　　　　　b. 俯卧撤离火场

c. 立即拨打119　　　　　　　　d. 乘坐电梯尽快逃离

e. 穿好衣服，带上贵重物品，尽快逃离

f. 不知道

如果被调查者的答案是用湿毛巾捂住口鼻，俯卧撤离火场，立即拨打119，则编码是12300。

---

④ 设计编码表。为了查找、录入以及分析的方便，编码人员要编写一本编码表，说明各英文字母、数码的意思。录入人员可根据编码表录入数据；研究人员或计算机程序员根据编码表统计分析程序；研究者阅读统计分析结果，当不清楚各种代码的意义时，可以从编码表中查询。

阅读资料   编码表

表 3-3 所示是摘录的大学生睫毛膏效果种类的编码表。

表 3-3   大学生生睫毛膏效果种类的编码表

问题编码	变量	变量位数	备注	人员代码
Q1	年龄层次	1	A. 16-18=1　B. 19-21=2 C. 22-24=3　D. 25 或以上=4	001501=小组成员 1 001502=小组成员 2 001503=小组成员 3
Q2	使用情况	1	A. 会=1　B. 不会=2　C. 有打算要学着用=3	
Q3	使用习惯	1	A. 有=1　B. 没有=2 C. 重要场合或约会用=3	
Q4	种类选择	1	A. 浓密型=1　B. 有点稀疏=2　C. 长的=3 D. 短的=4	
Q5	更换频率	1	A. 一个月=1　B. 两个月=2　C. 3 个月或以上=3	
Q6	效果重视	1	A. 是的=1　　B. 不是=2	
Q7	购买因素	1	A. 牌子=1　B. 效果=2　C. 价格=3 D. 使用期限=4	
Q8	消费能力	1	A. 30-50=1　B. 50-90=2　C. 90-150=3 D. 150 或以上=4	
Q9	使用效果	1	A. 很好很喜欢=1　　B. 一般，还不错=2 C. 不理想=3	
Q10	常用类型	1	A. 防水型=1　B. 浓密型=2　C. 纤长型=3 D. 卷翘型=4	001501=小组成员 1 001502=小组成员 2 001503=小组成员 3
Q11	钟爱款式	1	A. 防水型=1　B. 浓密型=2　C. 纤长型=3 D. 卷翘型=4	
Q12	具备效果	1	A. 纤长=1　　B. 浓密=2　　C. 不晕染=3 D. 易卸妆=4　E. 其他=5	
Q13	刷头选择	1	A. 长直螺旋型=1　B. 弧形螺旋型=2 C. 细梳子型=3　　D. 棍棒型=4	
Q14	颜色选择	1	A. 黑=1　B. 棕=2　C. 白=3　D. 蓝=4 E. 其他=5	
Q15	使用伤害	1	A. 会的=1　B. 不会=2　C. 不多使用应该不会=3	
Q16	考虑因素	1	A. 价格=1　B. 实用性=2　C. 效果=3　D. 性能=4	
Q17	购买方式	1	A. 专柜=1　B. 淘宝=2　C. 别人赠送=3 D. 其他=4	
Q18	使用原因	1	A. 工作需要=1　B. 爱美之心=2　C. 其他=3	

续表

问题编码	变量	变量位数	备注	人员代码
Q19	接受范围	1	A. 30以下=1　B. 30-50=2　C. 50-100=3 D. 100以上=4	
Q20	不良情况	1	A. 出现"苍蝇脚"=1　　B. 很快变成熊猫眼=2 C. 涂了和没涂一样=3　　D. 其他=4	
Q21	用后评价	1	A. 睫毛很漂亮=1　　B. 马马虎虎=2 C. 睫毛有点脏=3　　D. 睫毛刷得不明显=4	
Q22	了解途径	1	A. 电视销售广告=1　　B. 报刊杂志=2 C. 促销活动=3　　D. 网上查询=4　E. 熟人介绍=5	
Q23	使用频率	1	A. 几乎每天都用=1　B. 一周数次=2　C. 一月数次=3　　D. 场合需要而用=4　E. 几乎不用=5	
Q24	自我评价	1	A. 很多心得，可以和大家分享=1　　B. 满足一下平日日场所需，技术一般=2　　C. 不感什么兴趣没什么心得=3　　D. 不熟练，所以想从别人那里得到指导或听取经验=4	

（3）编码注意事项

① 正确掌握分类的尺度。编码人员对资料中的某个问题分类过细，会增加分析的复杂程度；分类过粗，会造成资料信息的流失，也会影响分析的深入程度。所以根据实际分析的需要，设置合理的分类尺度是资料编码的首要问题。

② 为保证每一个回答都有类可归，又避免分类过细，可设置一个"其他"的分类。

③ 每一个问题中的分类应含义明确，避免与其他分类产生交叉。

④ 对错误或疏漏的回答可作为特殊的分类，并指定一个特殊的数字或字符代表，如用0或-1等，而不应将其归入其他类中。

知识链接　　　　　　　**编码的基本原则**

在编码过程中应遵循以下原则。

（1）准确性原则，设计的代码要能准确有效地替代原信息。

（2）完整性原则，在转换信息形式的同时尽量不丢失信息，减少信息的损失和浪费。编码时一般需要预留足够的位置，以适应调整代码或插入新号码的需要。

（3）效率性原则，易于操作，尽量节约人力、物力。

（4）标准化原则，一般每一个代码只代表一个数据，代码的设计要避免混淆和误解。

（5）兼容性原则，即通过性原则。便于与其他系统接轨，增加调查资料的使用范围。

二、录入数据

（1）选择录入方式

采用计算机辅助电话调查（CATI）、计算机辅助访谈（CAPI）及网络调查等方式的调查，数据的收集与录入可以同时完成。而面访、邮寄调查及传真调查等方式的调查，事后还需要进行数据录入。数据录入的传统方式是键盘录入，此外，还可以采用扫描和光标阅读器等光电录入方式。光电录入要求填写的调查表和编码的数字书写规范，否则容易造成数字误识。数据录入目前使用最多的仍是键盘录入。数据录入可以利用数据库形式，也可以采用一些专门的数据录入软件。

（2）手工录入注意事项

键盘录入容易出现错误，录入人员可能因为手指错位、错看、串行等原因造成录入错误。如果录入人员工作态度不够认真负责或者技术不够熟练，更会扩大差错率。因此，采用手工录入时，可采取以下措施，保证录入质量。

① 挑选工作认真、有责任心、技术水平高的人员组成数据录入小组。

② 加强对录入人员的培训、管理和指导。

③ 定期和不定期地检查录入人员的工作效率和质量，对差错率和录入速度不达标的录入人员予以淘汰。

④ 对录入的资料进行抽样复查，一般比例为 25%～35%。

⑤ 双机录入，即采用两台计算机分别录入相同资料，比较并找出不一致的数据，确定差错，然后更正。双机录入可有效提高数据质量，但花费的时间和费用较高。

3.1.3 编制统计图表

市场调查取得大量反映个体情况的原始资料。对这些原始资料进行科学的分类、编码、录入之后，调查人员则可得到反映总体综合情况的统计资料。这些资料数据必须通过有效的方式得以显示，其主要形式是编制统计图表。编制统计图表是资料整理归纳的最后一个步骤，也是数据分析工作的开始。在实践中，列示数据主要有两种形式，一种是统计图，另一种是统计表。

扫一扫

用图展示统计数据视频

一、编制统计表

知识链接　　　　　　　　统计表的结构

统计表是表现调查资料的一种重要形式，即将调查得来的原始资料经过整理后，使之系统化，用表格形式表现。

从形式上看，统计表是由纵横交叉的直线组成的左右两边不封口的表格，表的上面有总标题，即表的名称，左边有横行标题，上方有纵栏标题，表内是统计数据。因此，统计表的构成一般包括 4 个部分。

（1）总标题。它相当于一篇论文的总标题，表明全部统计资料的内容，一般写在表的上端正中。

（2）横行标题。通常也称为统计表的主词（主栏），它表明研究总体及其分组的名称，也是统计表说明的主要对象，一般列于表的左方。

（3）纵栏标题。通常也称为统计表的宾词，表明总体特征的统计指标的名称，一般写在表的上方。

（4）数字资料，即表格中的数字。

（1）简单列表

简单列表是指将资料总体按照一个标志分组，来显示对问卷中某一个问题做出每种可能回答的人的数量。

表 3-4 所示为在微波食品购买地点调查中得到的资料，第一列是购买地点，第二列是频数，即统计出来回答问题的人数，第三列是相应的比例数。

表 3-4　　　　　　　　　　　微波食品购买地点的频数分布表

购买地点	人数（人）	频率（%）
小区附近专卖店	591	31.98
超市里专卖店	798	43.18
所有的便利店	459	24.84
合计	1 848	100.00

简单列表中的变量可以是定性变量，也可以是定量变量。定量变量又分为连续变量和离散变量。连续变量是指在一定区间内可以任意取值的变量，其数值是连续不断的，相邻两个数值可作无限分割，即可取无限个数值。例如，生产零件的规格尺寸，人体测量的身高、体重、胸围等都是连续变量，其数值只能用测量或计量的方法取得。离散变量是指其数值只能用自然数或整数单位计算的变量。例如，企业个数、职工人数、设备台数等，只能按计量单位数计数，这种变量的数值一般用计数方法取得。

对于连续变量，简单列表必须采用组距式分组（即用表示一定范围的一个区间作为一个组）；对于离散变量可以采取单项式分组（即用一个具体的数值表示一个组）。表 3-5 和表 3-6 分别是对连续变量和离散变量的简单列表。

表 3-5　　　　　　　　　　　某企业平均工资情况

按工资收入分组（元）	人数（人）	比例（%）
1 000 元以下	30	10.63
1 000～2 000	88	31.20
2 000～3 000	98	34.75
3 000～4 000	30	10.63
4 000～5 000	26	9.22
5 000 以上	10	3.57
合计	282	100.00

表 3-6　　　　　　　　　　　　某地区居民家庭住房数分布表

按居民家庭住房拥有数分组（套）	居民户数（户）	比例（%）
0	50	10.25
1	318	65.16
2	90	18.44
3 及以上	30	6.15
合计	488	100.00

在编制简单列表时应该注意"比例"一栏计算的基数问题。因为在调查资料整理时发现，并非所有的调查者均需回答全部问题。对同一问题，被调查者可能有多种回答，还可能存在拒绝回答的情况，如何科学的计算"比例"是我们要注意的问题。一般可采用"作出回答的人数"或"需要回答此问题的人数"作为基数，也可以采用"被调查者数而非答案的总数"作为基数。

（2）交叉列表

交叉列表是指将资料按照两个或两个以上标志分组，其目的是调查者结合对其他问题的回答来考察被访者对某一个问题的回答。

表 3-7 所示为婚姻状况和性别对衣服支出水平的交叉列联分析(%)，即为一个交叉列表。

简单列表可以回答很多调研问题，但是对每个问题的单独分析毕竟不够深入。因为问题是相互关联的，而交叉列表可以就每个问题做不同因素组合的深入分析，所以在实践中应用极其广泛。虽然人们可以就一个问题结合多种因素进行分析，但过多的变量会使分析过于复杂。因此，一般交叉列表针对两种因素分析。调查者把要分析的资料分成纵横两个方面，形成二维数据，分析时既可以对每个数据计算百分比，也可以按行或列进行计算。由于这些百分比要从各行或各列的总和中计算出来，因而交叉列表通常被称为列联表，它是进行统计分析表重要的基础。

表 3-7　　　　　　　婚姻状况和性别对衣服支出水平的交叉列联分析（%）

衣服支出水平	性别			
	男		女	
	婚姻状况		婚姻状况	
	已婚	未婚	已婚	未婚
高	35%	40%	25%	60%
低	65%	60%	75%	40%
合计	100%	100%	100%	100%
个案数（例）	400	120	300	180

（3）制表应注意的问题

第一，制表要求科学、实用、简明、美观。

第二，表格一般采用开口式，表的左右两端不画纵线，表的上下通常用粗线封口。

第三，一个表集中说明一个问题，如果反映的内容较多，可以分为几个表来表达。

第四，表的左上方是表的序号，表格上方的总标题要简明扼要，恰当反映表中的内容。

第五，表中的数字要注明计量单位。

⏰ 一试身手

某地区200家企业的有关资料如下。

2 000人以下的企业中全民企业10家，集体企业5家，合资企业3家；2 000～3 000人的企业中全民企业20家，集体企业34家，合资企业4家；3 000～4 000人的企业中全民企业15家，集体企业15家，合资企业2家；4 000～5 000人的企业中，全民企业20家，集体企业15家，合资企业1家；5 000～6 000人的企业中，全民企业20家，集体企业10家，合资企业1家，6 000人以上的企业中，全民企业15家，集体企业10家，合资企业0家。

根据以上资料，请同学们编制简单列表和交叉列表。

二、编制统计图

调查资料整理的结果，可以用统计表来表示，但对某些调查结果，特别是重要的调查结果，用图形表示更充分、更有效。统计图从视觉角度来说具有简洁具体、形象生动和直观易懂的特点，能给人明确、深刻的印象，一般能取得较好的效果。

扫一扫

工作中常用数据图表

（1）条形图

条形图也称柱形图，是以宽度相等的条形的长度或高度来反映统计资料。所表示的统计指标可以是绝对数，也可以是相对数和平均数；可以是不同地区、不同单位之间的同类现象，也可以是不同时间的同类现象。根据图形的排列方式，条形图可以分为纵式条形图（即柱状图）和横式条形图（即带形图）；根据图形的内容，条形图可以分为单式条形图、复式条形图和分段条形图。条形图如图3-1、图3-2和图3-3所示。

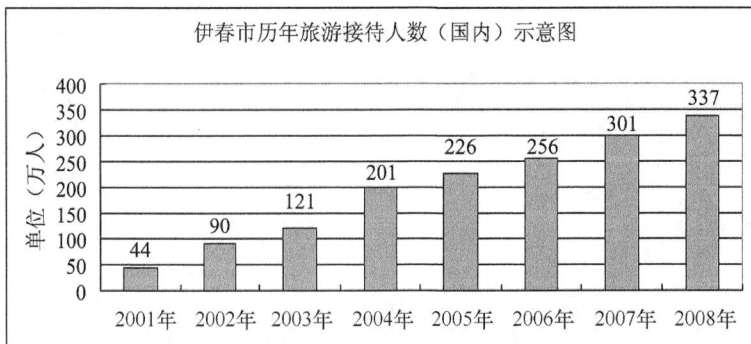

图3-1　伊春市历年旅游接待人数示意图

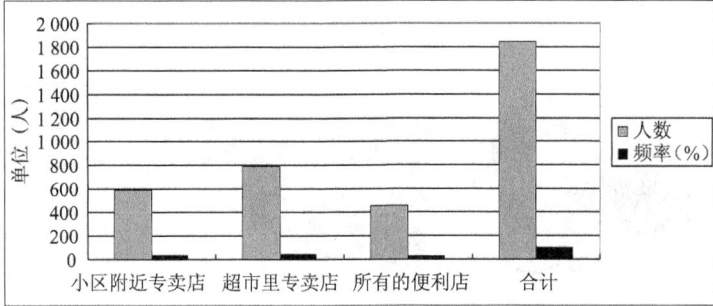

图 3-2　微波食品购买地点分布

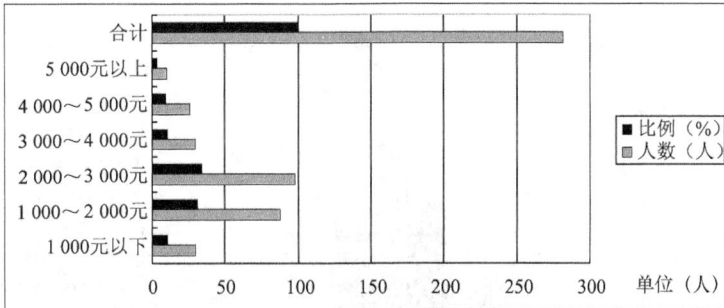

图 3-3　某企业员工工资情况统计

（2）饼形图

饼形图也称圆形图，是用圆形面积的大小代表总体数值，或用圆形中的扇形面积反映总体内部各构成指标的数值。后者也称圆形结构图，常用于在总体分组的情况下，反映总体的结构和各组所占的比重（百分比）。饼形图也是普遍使用的一种统计图，其绘制方法是根据构成总体的各组成部分所占的比重，求出其占圆心角的度数，按其度数绘制出扇形面积，如图3-4 和图 3-5 所示。

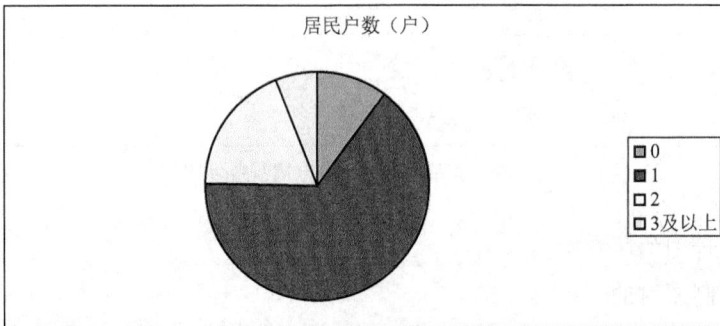

图 3-4　某地区居民住房拥有量

（3）直方图、曲线图

直方图是描述分配数列的一种条形图，与前述条形图的区别是各条形之间不留间隔。直方图的样式如图 3-6 所示。直方图常常和曲线图相结合，即在直方图的基础上，连接各条形顶边的中点，形成一条折线（曲线），形成折线图。折线图的样式如图 3-7 所示。

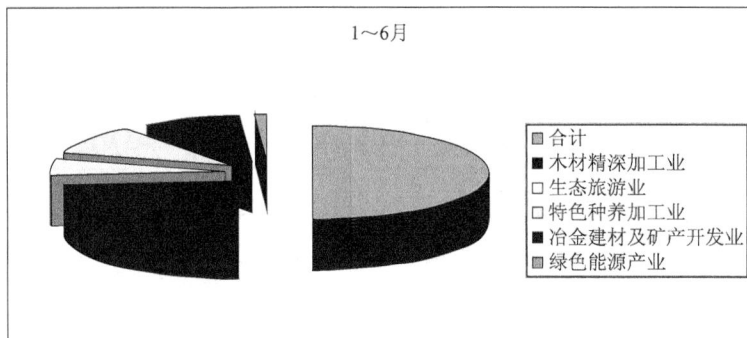

图 3-5　1～6 月优势特色产业增加值

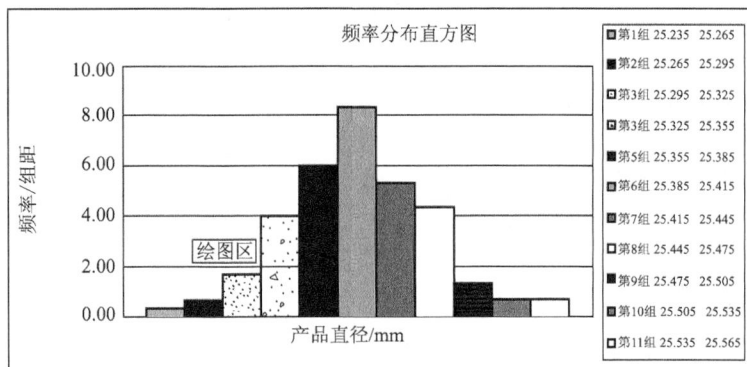

图 3-6　某产品直径分布情况直方图

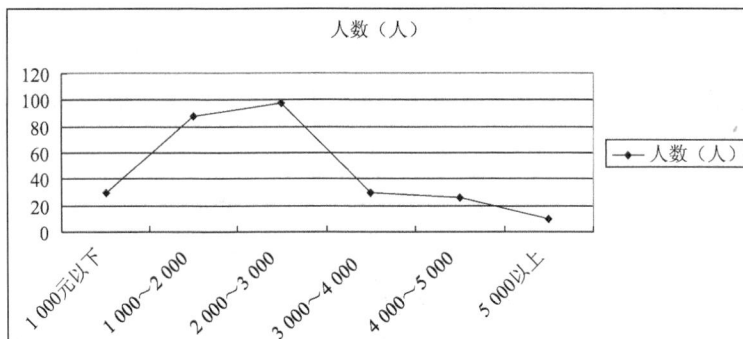

图 3-7　某企业工资分布情况折线图

（4）绘制统计图的注意事项

第一，明确制图目的。

第二，精选符合制图目的的准确统计资料，以使图示内容正确而又简明扼要。

第三，选择合适的图式，力求图形的科学性和艺术性。

第四，认真设计和绘制图形，对图形的布局、形态、线条、字体和色彩都要认真选择和处理。

第五，标题明确而鲜明。

第六，必要时可附加统计表和文字说明。

阅读材料　　　　　　　　**制图的规则与技巧**

在制图过程中，图题要说明资料所属的内容、地点和时间；尺度线要与基线垂直；尺度的设置应包括资料中最大的数值；以 0 为起点；尺度点之间的距离应相等，各相同距离必须表示相同数值；尺度点过多时，可间隔写。

项目较多时各项目最好按大小顺序排列，使结果一目了然。制图时尽量避免使用附加的图标说明，一旦使用图标，应将图标的意义及所表示的数量尽可能标记在对应的位置上。数据和作图的比例要恰当，避免过多或过少的标注，做到既清楚又简明。度量单位的选择要适当，图形的表现要均衡，使所有的差异都是可视的和可解释的。

作图时最好既使用颜色，又使用文字说明，以便在进行必要的复制时仍能清晰如初。颜色和线条的选择不是随机的，要有一定的逻辑性。例如，重要的部分应该用突出的颜色或更粗的线条、放大的符号来表示。图形的安排要符合人们的阅读习惯（如从上到下）。统计图一般应该说明数据的来源。

为了提高版面的清晰度，统计图应多使用整数，或尽可能减少小数点的位数；在图表上使用刻度尺，应尽量减少在图形上的数字标注；统计图可用符号来代替部分文字，如%代替"百分数"；压缩文字，精练语言；尽量减少注释。在选择颜色时，统计图一般倾向于使用简单的颜色，或对比明显的颜色，如黑白色、蓝色、绿色，突出强调时可用红色、黄色或白色；使用颜色时除了考虑其美观、装饰性外，还应有针对性和寓意。最重要的是，所有的特效、技术和技巧都是从属性地位，制图者应以服务内容为中心展开设计。

一试身手

为了确定灯泡的使用寿命（小时），在一批灯泡中抽取了30只进行测试，所得灯泡使用寿命（小时）结果如下：

700　716　695　709　700　730　722　717　694　724

703　733　697　722　718　699　724　722　698　699

711　734　729　699　687　707　728　711　730　690

请同学们根据上述资料以组距为10进行分组，绘制条形图和饼形图。

实训 1

整理统计调查数据

实训目的：整理调查资料，能对调查资料进行回收、审核、分组、编码、录入。

实训要求：

1. 全班同学合理分组，模拟一项调查活动。
2. 模拟调查资料的回收、审核、分组。
3. 模拟调查资料的编码和录入。
4. 提交结果，教师现场讲解与指导。

任务 3.2 | 分析市场调查资料

任务提示

在市场调查活动中，市场调查资料通过整理后，初步实现了综合化、系列化和层次化，为揭示和描述市场现象特征、问题和原因提供了信息基础。为了从这些数据中找到结论，就要对收集到的数据进一步分析。

3.2.1 经验判断分析

一、经验判断分析的操作

经验判断分析市场调查资料一般要经历以下几个操作环节。

（1）审读资料数据

分析人员首先要对分析的资料数据进行认真的审查和阅读。审读时，要对访问或观察记录所反映的调查对象的实际情况做好事实鉴别，将数据资料按问题分类，选取有意义的事例，为下一步工作做好准备。

（2）知识准备

分析人员在分析前要做好经验判断分析的知识准备。例如，查找相关分析的知识、理论及推导的逻辑过程。实际上，这种知识准备主要是有关理论的进一步学习。在市场调查实践中，整个工作过程都可能会涉及一些理论准备，经验判断分析的知识准备主要是为进一步分析工作做准备。

（3）制定分析方案

分析人员制定分析方案是指整体性考虑分析什么材料，用什么理论，从什么角度对调查资料数据进行解释。当然，资料的审查与理论知识的准备过程也是设计方案的过程，但完整的分析方案的形成一般是在前面两个步骤之后进行的。

（4）分析资料

分析人员从这一阶段开始对市场调查资料进行研究和解释。当研究资料数据证明了前面设定的研究假设时，要从理论上找出二者一致的意义，并加以说明，这也是经验研究的关键。在对资料进行分析研究的基础上，当研究的结果证明了研究的假设时，分析人员应该从理论上探讨和解释为什么研究假设被证明，并根据研究资料和理论提出新的问题和研究假设。这样一步一步，才能更深层次地揭示出市场问题，更好地实现调查的目标。

知识链接　　　　　　　　市场调查资料分析的规则

市场调查资料分析的本质是对已整理的数据和资料进行深加工，从数据导向结论，从结论导向对策。使调查者从定量认识过渡到更高的定性认识，从感性认识上升到理性认识。有效地回答和解释原来定义的市场调查问题，实现市场调查的目的和要求，满足管理决策的信息需求。在市场调查的全过程中，市场调查资料分析应遵循以下规则。

（1）从目的到研究。分析人员从市场调查的目的出发，有针对性地选择分析的内容和方法，有效地回答和解决所定义的市场调查问题。

（2）从局部到整体。分析人员从局部问题的分析研究开始，过渡到对整体的全面认识，有效地揭示市场调查现象的本质和规律。

（3）从单项到多项。了解市场调查问题各个方面的情况，分析人员需要从单项指标或单个数列的认识过渡到多项指标或多个数列的认识，以获得对总体的全面认识。

（4）从表层到里层。为了抓住现象发展变化的内在本质，分析人员有必要深入事物的里层，了解总体的内部结构和内在变化。

（5）从静态到动态。为了了解事物总体的、内部的和事物之间联系的发展动态，分析人员必须利用动态分析的方法去掌握事物发展变化的过程、趋势、规律了解事物发展的原因。

（6）从结果到原因。为了了解事物发展变化的原因，对比研究应在认识事物本身变化的基础上，去探索影响事物变化的历史背景和现实背景，了解各种内部因素和外部因素的影响作用和它们之间的数量联系，使定量认识更全面。

（7）从过程到规律。掌握事物发展变化的规律，分析人员应在分析事物发展变化过程的基础上，抓住事物的内部结构、掌握总体和内部的动态、内因与外因的联系，去认识事物变化的本质特征，从而达到认识规律的目的。

（8）从规律到预测。分析人员在掌握事物发展变化的本质、趋势和规律的基础上，对事物未来的发展作出定性判断或定量判断。

（9）从问题到对策。分析人员思考对策和提出对策是建立在掌握事物的情况，了解事物问题的基础上的，只有这样，才能使对策具有现实性、针对性和可行性。

（10）从单一方法到多种方法。分析人员在分析研究各种问题时，既要选择合适的分析方法，又要善于将不同的方法组合起来应用。

二、选择经验判断分析方法

（1）对比分析

对比分析的具体操作：将被比较的事物和现象进行对比，找出其异同点，从而分清事物和现象的特征及其相互联系。

在市场调查中，就是把两个或两类问题的调查资料相对比，确定它们之间的相同点和不同点。市场调查的对象不是孤立存在的，而是和其他事物存在着或多或少的联系，并且相互影响，而对比分析有助于找出调查事物的本质属性和非本质属性。

在运用比较分析法时要注意：可以在同类对象间进行，也可以在异类对象间进行；要分析可比性；对比应该是多层次的。

例如，在调查洗衣机销售情况时，通过对半自动洗衣机的销售分析，得出结论，可以用来推断全自动洗衣的销售变化规律及特点。

（2）推理分析

推理分析的操作：由一般性的前提推导出个别性的结论。

市场调查中的推理分析，就是把调查资料的整体分解为各个因素、各个方面，形成分类资料，并通过对这些分类资料进行研究，分别把握其特征和本质，然后将这些通过分类研究得到的认识联结起来，形成对调查资料整体和综合性认识的逻辑方法。使用时需要注意，推理的前提要正确，推理的过程要合理，而且要有创造性思维。

（3）归纳分析

归纳分析的操作：由具体、个别或特殊的事例推导出一般性规律及特征。

在市场调查所搜集的资料之中，应用归纳法可概括出一些理论观点。归纳分析法是市场调查分析中应用最广泛的一种方法，具体操作可以分为完全归纳、简单枚举和科学归纳。

① 完全归纳。根据调查问题中每个对象的某种特征属性，概括出该类问题的全部对象整体所拥有的本质属性。应用完全归纳法要求分析者准确掌握某类问题全部对象的具体数量，而且还要调查每个对象，了解它们是否具有所调查的特征。但在实际应用之中，调查者往往很难满足这些条件，因此，完全归纳法的使用范围受到一定的限制。

② 简单枚举。根据目前调查所掌握的某类问题一些对象所具有的特征，而且没有个别不同的情况，来归纳出该类问题整体所具有的特征。这种方法是建立在应用人员经验的基础上的，操作简单且易行。但简单枚举法的归纳可能会出现偶然性，要提高结论的可靠性，则分析考察的对象就应该尽量多一些。

③ 科学归纳。根据某类问题中的部分对象与某种特征之间的必然联系，归纳出该类问题所有对象都拥有的某种特征。这种方法应用起来较复杂，但很科学。

3.2.2 探索性分析

一、集中趋势分析

数据的集中趋势分析在于揭示被调查者回答的集中程度，数据的集中趋势通常用最大频数或最大频率对应的类别选项来衡量。数据的集中趋势是指大部分变量值趋向于某一点，将这点作为数据分布的中心。数据分布的中心可以作为整个数据的代表值，是准确描述总体数量特征的重要内容。

实务借鉴　　　　　**集中趋势分析举例（见表 3-8）**

表 3-8　　　　　　　　东北地区大学生月均生活费支出统计

月均生活支出（变量值）/元	消费次数（次）/人	各组人数比重（频率）/%
800～1 000	40	13.33
1 001～1 500	120	40
1 501～2 000	65	21.67
2 000 以上	75	25
合计	300	100

以上资料显示，东北地区大学生月均生活开支在 1 001～1 500 元附近的人数较多，这里就是数据分布的中心区域。从整体的数据分布状况来看，数据集中趋向于变量为 1 001～1 500 元这一组。其实际意义就是：被调查的大学生月均生活支出大部分集中在 1 001～1 500 元这个范围。

集中趋势统计量按处理方法不同可分为平均数、众数、中位数等。

（1）平均数

平均数是数列中全部数据的一般水平，是数据数量规律性的一个基本特征值，反映了一些数据必然性的特点。平均数是最典型也是最常用的统计量，适用于定距变量和定比变量。平均数也是最有"意义"的统计量，它可以看作是数据的"平衡点"或"重心"位置所在。平均数包括算术平均数、调和平均数和几何平均数。

① 算术平均数：这是最基本、最常用的一种平均指标，也是平均指标中最重要的一种，包括简单算术平均数和加权算术平均数。

$$\bar{x} = \frac{\sum x_i}{n} \text{——简单算术平均数}$$

$$\bar{x} = \frac{\sum x_i f_i}{f_i} \text{——加权算术平均数}$$

② 调和平均数：调和平均数是算术平均数的一种变形。当要分析的资料难以直接运用加权算术平均数的公式计算时，分析人员应利用调和平均数来计算。调和平均数包括简单调和平均数和加权调和平均数。

$$\overline{x}_{\mathrm{h}} = \cfrac{1}{\cfrac{\sum \cfrac{1}{x_i}}{n}} \quad\text{——简单调和平均数}$$

$$\overline{x}_{\mathrm{h}} = \cfrac{1}{\cfrac{\sum \cfrac{1}{x_i} f_i}{\sum f_i}} = \cfrac{\sum f_i}{\sum \cfrac{1}{x_i} f_i} \quad\text{——加权调和平均数}$$

③ 几何平均数：几何平均数是计算平均数的另一种形式，主要用于计算比率或速度的平均，包括简单几何平均数和加权几何平均数。

$$\overline{x}_{\mathrm{G}} = \sqrt[n]{x_1 \times x_2 \times x_3 \times \cdots \times x_n} \quad\text{——简单几何平均数}$$

$$\overline{x}_{\mathrm{G}} = \sqrt[f_1+f_2+f_3+\cdots+f_n]{x_1^{f_2} \times x_2^{f_2} \times \cdots \times x_n^{f_n}} \quad\text{——加权几何平均数}$$

$$\lg G = \frac{\sum \lg x_i f_i}{\sum f_i}, \quad\text{查对数表得出 } G \text{ 值。}$$

> **实务借鉴**   **平均数计算举例**
>
> 调查人员调查泰山游客的满意度，从6个方面入手（吃、住、行、游、购、娱），用5点量表来测量。其中，1=非常不满意，5=非常满意。某游客在吃、住、行、游、购、娱6方面打分分别为5，4，4，4，2，1，计算该游客满意度的算术平均值和加权平均值。
>
> 1. 算术平均值：$\overline{x} = (5+4+4+4+2+1) \div 6 = 3.67$
>
> 2. 加权平均值
>
> （1）确立各个指标的权数
>
> 假设：吃=0.15、住=0.15、行=0.1、游=0.3、购=0.1、娱=0.1
>
> （2）计算加权平均值
>
> $\overline{x} = (5 \times 0.15 + 4 \times 0.15 + 4 \times 0.1 + 4 \times 0.3 + 2 \times 0.1 + 1 \times 0.1) = 3.25$
>
> 该项调查表明，泰山游客满意度的简单算术平均值为3.67，如果考虑到各因素所占比重不同，其满意度为3.25。

（2）众数

众数是出现次数最多的变量数值，也是测定数据集中趋势的一种方法，它克服了平均数指标会受到数据中极端值影响的缺陷。在市场调查得到的统计数据中，众数是大多数数据的代表值，可以让我们在实际工作中抓住事物的主要问题，有针对性地解决问题。要注意的是，由于众数只依赖于变量出现的次数，所以对于一组数据，可能会出现两个或两个以上的众数，也可能没有众数。

在调查实践中，调查人员有时没有必要计算算术平均数，只需要掌握最普遍、最常见的标志值就能说明社会经济现象的某一水平，这时就可以采用众数。

即问即答

在市场调查数据资料分析中，众数就是列出的所有数据中出现次数最多的那个数据，这个数据比其他数据出现的频率都高。如果数据出现的次数一样，或者每个数据都只出现一次，那么，这组数据中，众数可以不止一个或者没有。

甲组数据7、7、8、0、9的众数是多少？乙组数据1、2、3、4、5的众数是多少？

答：第一组数据的众数是7，第二组没有众数。

（3）中位数

中位数表示一组数据按照大小顺序排列时，中间位置的那个数值，即针对某个变量，有50%的个案的取值在中位数以下。通俗地说，样本的所有观测值中，有一半数值比中位数大，有一半数值比中位数小。中位数在计算时会面临两种情况：当样本数（n）是奇数时，将样本的所有观测值按由小到大（或由大到小）的顺序排列，排在中间位置上的数值即为中位数；当样本为偶数时，排在中间两个位置上的数值的平均值即为中位数。中位数适用于定序变量，对于定距变量，还是首先对观测值进行分组，简单的方法就是用中间那一组的组中值作为变量的中位数。

实务借鉴　　　　　　**中位数计算举例**

有9个人，他们的月工资水平分别如表3-9所示。

表3-9　　　　　　　　　　　　工资水平表　　　　　　　　　　　单位：元

甲	乙	丙	丁	午	己	庚	辛	壬
470	420	500	510	920	1 120	710	830	1 080

以上数据中哪一个数据最能代表一般水平呢？

A. 作排列处理，按从小到大排列：

420，470，500，510，710，830，920，1 080，1 120

B. 求中央位置：$M_d = (N+1)/2 = (9+1)/2 = 5$

C. 求中位值：第五位数对应值为710。

以上两种平均水平不是数值平均数，而是位置平均数。它们不是根据总体的全部变量值计算的，而是根据其在总体中的位置或地位来确定的。

二、离散程度分析

离散程度分析又称差异性分析，其目的在于测定变量值之间的离散程度或差异程度，评价平均数代表性的大小，衡量事物变动的均衡性或稳定性。离散趋势通常由全距、平均差、平均差系数、标准差、标准差系数等来表示。

（1）全距

全距是数列中最大变量值与最小变量值之差，又称极差，是表明总体变量值变动范围的指标。因为全距是数据中两个极端值的差值，所以不能反映中间数据的变化。由于全距只受最大值和最小值的影响，所以它是一个粗略测量离散程度的指标。在实际调查中，全距主要用于离散程度比较稳定的调查数据。同时，全距可以一般性地检验平均值代表性的大小，全距越大，平均值的代表性越小；反之，平均值的代表性就越大。

即问即答

假定某车间两组工人的月工资水平如表3-10所示。

表 3-10　　　　　　　　　　　某车间工人工资水平表　　　　　　　　　　单位：元

甲组	800	900	1 000	1 100	1 200
乙组	900	950	1 000	1 050	1 100

哪组数据对总体的代表性更强？

答：如果集中趋势用算术平均数来表示，两者均为1 000，但甲组中全距为400，而乙组中全距为300，因此乙组对总体的代表性更强。

（2）平均差

平均差即平均离差，是总体各单位标志值与其算术平均数离差绝对值的算术平均数。它反映平均数代表性的大小，由于平均差的计算涉及总体中所有的数据，因而能够更加综合地反映总体数据的离散程度。其计算公式为

$$平均差 = \frac{\sum |x_i - \bar{x}|}{n}$$

平均差越大，反映各单位标志值的离散程度越大，集中趋势的统计量代表性越小；平均差越小，反映离散程度越小，集中趋势的统计量代表性越大。

实务借鉴　　　　　　　　　　平均差分析

仍以表3-10所示的数据为例。

甲组：平均差=600/5=120（元）

乙组：平均差=300/5=60（元）

根据以上数据可以得出结论：乙组代表性强于甲组。

（3）平均差系数

平均差系数就是将平均差除以相对应的平均指标得到的数值。因为平均差系数计算出来的结果是一个相对数，所以解决了平均差的局限，可以应用于比较两个平均指标水平不同总体的问题。其计算公式为

$$平均差系数 = \frac{平均差}{\overline{x}} \times 100\%$$

实务借鉴   **平均差系数分析**

仍以表 3-10 所示的数据为例。

甲组平均差系数=120/1 000=0.12

乙组平均差系数=60/1 000=0.06

乙组平均差系数小于甲组，因此乙组代表性强于甲组。

结论与用平均差计算的结果相同。

但是，当平均指标数值不相同时，得出的结论可能不一致。平均差同时受标志值的变异程度（X）和总体平均指标（$E(x)$）两个因素的共同影响。因此当对比两个总体的变异程度时，如果它们的平均指标水平 $E(x)$ 不同，就不能简单地将两个平均差进行对比；同时，计量单位不同的总体，平均差也不能直接比较，这时应用平均差系数来比较。

阅读资料   **平均差与平均差系数比较**

假定 A、B 两组各含 5 个企业的某月销售收入资料（单位：万元）如表 3-11 所示。

表 3-11   某企业月收入情况表   单位：万元

A组	161	163	165	167	169
B组	73	74	75	76	77

平均差和平均差系数计算结果如表 3-12 所示。

表 3-12   平均差和平均差系数计算结果

企业	平均销售收入（万元）	平均差（万元）	平均差系数
A组	165	2.4（12/5）	1.45
B组	75	1.2（6/5）	1.6

可见，如果两组数据的平均差相比较，A 组数据的平均差比 B 组大，但以平均差系数相比较，结果正相反。正确的结论是：A 组数据的平均差系数较小，说明 A 组中各企业之间销售收入差异程度较小，因而 A 组平均指标代表性较强。

（4）标准差

标准差即均方差或均方根，是各个离差平方的算术平均数的平方根。标准差是测定标志变异程度最常用的综合指标，它的含义和平均差基本相同，也是各个标志值对其算术平均数的平均离差，但在数学处理上有所不同。平均差利用绝对值来消除离差的正负号，标准差利用平方来消除离差的正负号。比较起来，标准差在数学处理上比平均差优越，故测定总体各单位数量标志值的平均离差，通常以它为标准。其计算公式为

$$标准差 = \sqrt{\frac{\sum [X - E(x)]^2}{n}}$$

或

$$标准差 = \sqrt{\frac{\sum [X - E(x)]^2 \cdot f}{\sum f}}$$

（5）标准差系数

标准差系数是标准差与相应的平均指标对比得出的相对数值。其计算公式为

$$标准差系数 = V_\sigma = \sigma / E(x)$$

与平均差一样，标准差也是反映标志变异程度的绝对指标，它受标志值的变异程度和平均程度两个因素影响。标志值的平均水平不同或计量单位不同的总体其标准差是不能直接比较的。此时应用标准差系数，以比较具有不同变量值的两组数据的代表性。

即问即答

以表 3-11 所示数据为例。标准差和标准差系数计算结果如表 3-13 所示。

表 3-13　　　　　　　　　标准差和标准差系数计算结果

企业	平均销售收入（万元）	标准差（万元）	标准差系数
A组	165	2.85	1.72
B组	75	1.41	1.88

从表 3-13 中同学们可以看出什么？

答：由表 3-13 可知，A 组的标准差大于 B 组，由于组的平均指标不同，因而不能直接比较得出 A 组的平均销售收入的代表性比 B 组弱的结论。相反，只能以标准差系数作比较，A 组标准差系数小于 B 组，从而说明 A 组平均销售收入的代表性强于 B 组。

三、综合指数分析

综合指标分析法是分析人员根据一定时期的资料和数据，从静态上对总体的各种数量特征进行分析的方法。其按种类分有：总量指标、平均指标、相对指标。这些指标可以说明总体的规模、水平、速度、效益、结构、比例关系等总和数量特征。通过对总体数量的汇总、运算和分析，分析人员可以排除个别、偶然因素对数据的影响，认识经济现象的本质及其发展变化的规律。

（1）总量指标

总量指标是反映社会经济现象总体规模或水平的指标，又称绝对数指标。总量指标是认

识现象的起点，也是计算相对指标和平均指标的基础，因此也称作基础指标。总量指标有以下几种分类方法。

① 按指标反映的总体内容划分为总体单位总量指标和总体标志总量指标。总体单位总量指标是用来反映总体中单位数的多少，说明总体本身规模大小的总量指标。总体标志总量指标是用来反映总体中标志值总和的总量指标。总体单位总量指标和总体标志总量指标的地位随统计研究的目的而变化。

> **阅读资料　　　　　　　　总量指标举例**
>
> 研究某地区企业的情况，总体为该地区所有的企业，总体单位为该地区每个企业，总体总量为该地区的企业总数，而企业的总销售额、总人数、总利润，便是标志总量。

② 按指标反映的时间状况划分为时期指标和时点指标。时期指标是反映社会经济现象在一定时期内发展变化过程总量的指标，如商品销售额、总产值、基本建设投资额等。时点指标是反映社会经济现象在一定时点上状况的总量指标，如人口数、房屋的居住面积、企业数等。

> **知识链接　　　　　　时期指标和时点指标的特点（区别）**
>
> 第一，性质相同的时期指标的数值可以相加，时点指标相加则无意义。
>
> 第二，同类时期指标数值的大小与时期长短有直接关系，时点指标则没有这种关系。
>
> 第三，时期指标数值是经常登记取得的，时点指标不是。区分时期指标和时点指标的不同决定了统计处理与应用上的不同。在运用时期和时点指标时，分析人员应注意同一指标若从不同的角度考虑则总量指标的性质也不同，如年末人口数和年初人口数是时点指标，但年末人口数-年初人口数=人口净增数则为时期指标。

③ 按指标采用的计量单位划分为价值指标、实物指标和劳动量指标。价值指标是指以货币为计量单位的总量指标，如国民生产总值、社会总产值、商品销售额、工资总额等。实物指标指以实物单位计量的总量指标，即以事物的物理属性或自然属性作为计量单位的指标，如人口以人为计量单位、汽车以辆为计量单位等；度量衡单位棉布用米、木材用立方米等。劳动量指标是指以劳动量单位计量的总量指标。即以劳动时间为计量单位的指标，如工时、工日等。

（2）平均指标

平均指标又称为统计平均数，它反映现象总体各单位某一数量标志在一定时间、地点、条件下所达到的一般水平，是统计中最常见、最常用的指标之一。它体现同质总体内各单位某一数量标志的一般水平。平均指标的表现形式有算术平均数、调和平均数、众数和中位数等。

（3）相对指标

相对指标是指两个有联系的指标数值之比，它反映现象之间所固有的数量对比关系，其表现形式一般为倍数或系数（以 1 作为对比基础）、成数（以 10 作为对比基础）、百分数（以 100 作为对比基础）、千分数（以 1 000 作为对比基础）。相对指标是统计分析的重要方法，是反映调查现象之间数量关系的重要依据。市场调查分析中常用的相对指标主要有结构相对指标、比例相对指标、强度相对指标和比较相对指标。

① 结构相对指标是将两个有从属关系的总量指标进行对比而得，说明总体的内部组成情况，一般用%表示。其计算公式为

$$结构相对指标 = \frac{总体的某一部分}{总体的整体}$$

② 比例相对指标是同一总体内不同组成部分的指标数值对比的结果，它可以表明总体内部的比例关系。比例相对指标可以用于分析国民经济中各种比例关系，调整不合理的比例，促使社会主义市场经济稳步协调发展。其计算公式为

$$比例相对指标 = \frac{总体的甲部分}{总体的乙部分}$$

③ 强度相对指标是两个性质不同而有联系的总量指标对比的结果。强度相对指标应用十分广泛，它可以反映国民经济和社会发展的基本情况，可以反映生产条件及公共设施的配备情况，也可以反映经济效益的情况。其计算公式为

$$强度相对指标 = \frac{总体的甲方面}{总体的乙方面}$$

④ 比较相对指标是同一时间不同国家、不同地区、不同单位的某项指标对比的结果。运用比较相对指标对不同国家、不同地区、不同单位的同类指标进行对比，有助于揭露矛盾、找出差距、挖掘潜力，促进事物进一步发展。其计算公式为

$$比较相对指标 = \frac{甲总体}{乙总体}$$

3.2.3 统计方法应用

一、方差分析

方差分析也称"变异数分析"或"F检验"，用于两个及两个以上样本均数差别的显著性检验。它的用途是分析市场调查和实验数据中不同来源的变异对总变异的影响程度，分析人员从而了解数据中自变量是否对因变量有重要的影响。

一个复杂的事物，其中往往有许多因素既互相制约又互相依存。方差分析的目的是通过数据分析找出对该事物有着显著影响的因素，各因素之间的交互作用以及显著影响因素的最佳水平等。因素方差分析的基本操作原理如下所示。因素是一个独立的变量，也是方差分析研究的对象。因素中的内容称为水平。在具体应用中，分析人员如果进行的方差分析研究是一个因素对于调查结果的影响，就称作单因素方差分析。

实务借鉴　　　　　　　方差分析应用

某公司对 A、B、C 3 种不同型号产品在 5 家商场的销售情况进行调查，以确定产品的型号是否对销售量产生影响。数据如表 3-14 所示。

表 3-14　　　　某公司的 A、B、C 3 种不同型号产品在 5 家商场的销售情况　　　单位：件

商场名称	A	B	C	K=3
商场一	10	15	10	
商场二	14	20	12	
商场三	12	17	6	
商场四	8	8	12	
商场五	11	15	10	
平均值	11	15	10	$\bar{x}=12$

从表 3-14 中可以看出，所有的数据是不完全相同的，它们受到了销售地点和产品型号的影响。因此，我们可以将上述问题归结为一个检验的问题。

从方差分析的目的看，方差分析是要检验各个水平的均值是否相等，而实现这个目的的手段是通过方差的比较。观察值之间存在的差异来源于两个方面，一是由于因素中的不同水平造成的，如产品不同型号带来不同的销售量，这种差异可称为系统性差异；二是由于抽选样本的随机性而产生的，如相同型号产品在不同的商场销售量不同，这种差异称为随机性差异。两个方面产生的差异可以用两个方差来计量，一个称为水平之间（组间）的方差，一个称为水平内部（组内）的方差。前者既包括系统性因素，也包括随机性因素；后者仅包括随机性因素。如果不同的水平对结果没有影响，如产品的型号对销售量不产生影响，那么在水平之间的方差中，就只有随机性因素的差别，而没有系统性因素的差别，它与水平内部方差就应该近似，它们之间的方差比值就应该接近于 1；反之，如不同水平内部方差对结果产生了影响，则两者的方差比值就会远大于 1。当比值大到某临界点时，分析人员就可以作出判断：不同水平之间存在着显著的差异。

二、相关分析

相关分析是研究现象之间是否存在某种依存关系，并对具有依存关系的现象探讨其相关方向以及相关程度，是研究随机变量之间相关关系的一种统计方法。相关分析主要用来分析那些具有密切关联又不能用函数关系精确表达的变量之间的关系，它主要表述两类随机变量间线性相关的密切程度。例如，购买者的消费额和自身的收入密切相关，但是购买者的收入并不能完全确定他们的消费额。因为影响消费的因素还有很多，包括消费观念、生活习惯、季节气候等。对于这种不能用线性关系或其他函数关系式来精确描述的变量间的关系就

扫一扫
吸烟与肺癌相关吗？

可以用相关分析方法来解决它。

在判断相关关系密切程度之前，分析人员首先要确定现象之间有无相关关系。确定的方法有两种，一是根据自己的理论知识和实践经验综合分析判断，二是用相关图表进一步确定现象之间相关的方向和形式。在此基础上通过计算相关系数或相关指数来测定相关关系密切的程度。相关系数是用来说明直线相关的密切程度；相关指数是用来判断曲线相关的密切程度。这里主要介绍相关系数的计算。

相关系数是用来分析判断直线相关的方向和程度的一种统计分析指标，其计算方法中最简单也是最常用的为积差法，是用两个变量的协方差与两个变量的标准差的乘积之比来计算的，计算公式如下所示。

$$r = \frac{n\sum xy - \sum x\sum y}{\sqrt{n\sum x^2 - (\sum x)^2}\sqrt{n\sum y^2 - (\sum y)^2}}$$

相关系数的取值范围是：$-1 \leqslant r \leqslant +1$，正的表示正相关，负的表示负相关。利用相关系数判断相关关系的密切程度，如表 3-15 所示。

表 3-15　　　　　　　　　　　　　　相关系数与相关程度

相关系数的值	直线相关程度
$\lvert r \rvert = 0$	完全不相关
$0 < \lvert r \rvert \leqslant 0.3$	微弱相关
$0.3 < \lvert r \rvert \leqslant 0.5$	低度相关
$0.5 < \lvert r \rvert \leqslant 0.8$	显著相关
$0.8 < \lvert r \rvert \leqslant 1$	高度相关
$\lvert r \rvert = 1$	完全相关

三、回归分析

回归分析是对自变量和因变量的调查数据进行分析、计算并归纳出一个反映因变量与自变量之间统计数据关系的统计分析方法。也就是说，它和相关分析一样都是研究变量间关系的方法。但两者的应用范围不同：在回归分析中，因变量被放在了被解释的主要地位，而相关分析关注的是因变量和自变量之间的密切程度，两者地位平等。其计算公式为

$$Y = a + bx$$

扫一扫

高尔顿与回归
分析

在回归分析中，如果只包括一个自变量和一个因变量，并且两者关系可用一条直线近似表示，这种回归分析称为一元线性回归。两者关系如果不能用一条直线近似表示，则称为非线性回归。回归分析中如果包括两个或两个以上的自变量，那么就称作多元回归分析，当然它也包括曲线关系的情况。

实务借鉴　　　　　　　　　　　**回归分析**

某市城镇居民家庭人均月消费收支的抽样数据分析，如表 3-16 所示。

表 3-16		某市某年居民家庭人均生活费收支分析		
月人均消费 （y）元	月人均收入 （x）元	消费倾向 （%）	消费边际	消费的收入弹性
360	368	97.83	—	—
424	435	94.47	0.955 2	0.976 5
530	548	96.72	0.938 1	0.962 3
550	630	87.30	0.243 9	0.252 2
690	762	90.55	1.060 7	1.214 9
796	905	87.96	0.741 3	0.818 6
901	1 038	86.80	0.789 5	0.897 6
1 088	1 276	85.27	0.785 7	0.905 2

从表 3-16 中的分析指标可以看出：①收入越高的家庭消费倾向越低，即储蓄倾向越高；反之，则相反；②消费边际具有递减的趋势，即随着收入的增加，消费边际递减，储蓄边际递增；③从总体上看，消费支出的收入弹性小于 1；④居民人均收入决定人均消费的一元线性回归方程为

$$y=73.924\ 3+0.796\ 3x$$

$$R=0.998\ 6$$

其中，y＝月人均消费（元）

x＝月人均收入（元）

R＝相关系数

此方程表明，居民收入每增加 1 元，消费支出可增加 0.796 3 元（平均消费边际）。相关系数 0.998 6，表明消费支出与消费收入的关系非常密切，所估计的回归方程具有较强的解释能力。

📑 实训 2

分析调查数据

实训目的：分析调查资料，能对调查资料进行经验分析、探索性分析、统计方法分析。

实训要求：

1. 全班同学合理分组，模拟一项调查活动。

2. 模拟调查资料的经验分析。

3. 模拟调查资料的探索性分析。

4. 模拟调查资料的统计方法分析。

5. 提交结果，教师现场讲解与指导。

任务 3.3 ｜ 撰写市场调查报告

任务提示

> 在市场调查活动中，调查人员在对调查得到的资料进行分析整理、筛选加工的基础上，还应该将调查成果记述和反映出来。**市场调查报告是调查活动过程的历史记录和总结，是一项市场调查项目最终成果的表现。**

> **重要概念**　　　　　　　　**市场调查报告**
> 市场调查报告是通过文字、图表等形式将调查结果表现出来，使人们对调查的市场想象或问题有一个全面、系统的了解和认识，是调查结果的集中表现。

3.3.1 构思市场调查报告的框架

扫一扫

市场调查报告撰写

一、开头部分

开头部分包括封皮、目录和摘要等。

（1）封皮

① 封皮是调查报告的题目或标题。一般地说，题目只有一句话，有时可以加上一个副标题。标题的形式有以下 3 种。

● 直叙式标题：是反映调查意向或指出调查地点、调查项目的标题，如"关于××的调查报告"。这种标题的特点是简明、客观。

● 表明观点式标题：是直接阐明作者的观点、看法，或对事物作出判断、评价的标题，如"电视机削价竞争不可取"。这种标题既表明了作者的态度，又揭示了报告的主题，具有很强的吸引力。

● 提出问题式标题：是以设问、反问等形式，突出问题的焦点和尖锐性，吸引读者阅读、思考，如"××牌电视机为何如此畅销？"

② 封皮应包含调查研究机构的名称。如果是单一的机构执行调查，在封皮上写上该机构名称即可；如果是多个机构合作进行的调查，则应将所有机构的名称都写上，也可以同时附上调查机构的联络办法。

③ 封皮应包含调查项目负责人的姓名及所属机构。

④ 封皮应包含日期。即报告完成的日期。

有的调查报告还采用正、副标题的形式（双行标题），一般正标题表达调查的主题，副标题具体表明调查的对象和内容。

（2）目录

调查报告如果内容、页数较多，为了方便读者阅读，撰写人应当使用目录或索引形式列出报告所分的主要章节和附录，并注明标题、有关章节号码及页码。一般来说，目录的篇幅不宜超过一页。

（3）摘要

摘要是报告的内容提要，是全文精华的浓缩。它主要阐述课题的基本情况，按照市场调查课题的顺序将问题展开，并对调查的原始资料进行选择、评价、作出结论、提出建议的原则等。摘要主要包括以下3方面内容。

① 简要说明调查目的，即简要地说明调查的由来和委托调查的原因。

② 简要介绍调查对象和调查内容，包括调查时间、地点、对象、范围、调查要点及所要解答的问题。

③ 简要介绍调查研究的方法。介绍调查研究的方法，有助于使人们确信调查结果的可靠性，因此对所用方法要进行简短叙述，并说明选用该方法的原因。

二、正文部分

正文是市场调查报告的主要部分。对于市场研究人员，如产品经理、营销经理或其他人员，除了要知道调查报告的结论和建议以外，还需要了解更多的调查信息，如考查结果的逻辑性，调查过程中有没有信息的遗漏，关键的调查结果是如何得出的等。这时，这些人员会详细地研究调查报告的主体部分，即正文。这就要求正文部分必须正确阐明全部有关论据，包括从问题的提出到引起的结论，问题论证的全部过程，问题分析研究的方法等。正文包括开头部分和论述部分。

（1）开头部分

开头部分的撰写一般有以下几种形式。

第一，开门见山，揭示主题。文章开始就先交代调查的目的或动机，揭示主题。例如，"我公司受北京电视机厂的委托，对消费者进行一项有关电视机市场需求状况的调查，预测未来消费者对电视机的需求量和需求种类，从而使北京市电视机厂能根据市场需求及时调整其产量及种类，确定今后的发展方向。"

第二，结论先行，逐步论证。先将调查的结论写出来，然后逐步论证。许多大型的调查报告均采用这种形式。其特点是观点明确，使人一目了然。例如，"我们通过对天府可乐在北京市的消费情况和购买意向的调查认为它在北京不具有市场竞争力，原因主要从以下几方面阐述："

第三，交代情况，逐步分析。先交代背景情况、调查数据，然后逐步分析，得出结论。例如，"本次关于非常可乐消费情况的调查主要集中在北京、上海、重庆、天津，调查对象集中于中青年……"

第四，提出问题，引入正题。用这种方式提出人们所关注的问题，引导读者进入正题。

（2）论述部分

论述部分必须准确阐明全部有关的论据。根据预测所得的结论，建议有关部门采取相应措施，以便解决问题。论述部分主要包括基本情况和分析两部分。基本情况部分主要是对调查数据及背景做客观的介绍说明，同时提出问题、肯定事物的一面。分析部分主要包括原因分析、利弊分析和预测分析等。

三、结论与建议部分

结论和建议应当采用简明扼要的语言。好的结语，可以使读者明确题旨，加深认识，启发读者的思考和联想。结论一般有以下几种形式。

（1）概括全文。经过层层剖析后，综合说明调查报告的主要观点，深化文章的主题。

（2）形成结论。在对真实资料进行深入细致的科学分析的基础上，得出报告的结论。

（3）提出看法和建议。通过分析，形成对事物的看法，在此基础上，提出建议和可行性方案。

（4）展望未来、说明意义。通过调查分析展望未来前景。

四、附录部分

附录部分是指调查报告正文包含不了或没有提及，但与正文有关必须附加说明的部分。它是对正文报告的补充或更详尽的说明。附录包括数据汇总表、原始资料的背景材料和必要的工作技术报告，如为调查选定样本的有关细节资料及调查期间所使用的文件副本等。

知识链接　　　　　市场调查报告的基本要求

市场调查报告是用书面的形式反映市场调查过程和调查结果的一种分析报告，是市场调查成果的集中体现。市场调查报告可以以书面的方式向管理者或用户报告调查的结果，也可以作为口头汇报和沟通调查结果的依据，也可以制作成多媒体演示课件，向决策者或用户进行演示、解说和沟通。市场调查报告应满足以下目标。

（1）解释调查原因。市场调查报告应简要陈述调查的动机，以便决策者或用户了解信息的搜集、处理和分析背景。

（2）陈述调查内容。市场调查报告应交待调查的内容和主要项目，以及各主要项目调查的目的，以便决策者和用户了解调查设计、执行的过程和对调查结果的分析。

（3）指明调查方法。市场调查报告应交代调查者所采用的调查手段，包括调查方式、调查方法和数据分析方法等。便于决策者和用户了解调查的过程，考虑在决策时应在多大程度上依靠调查结果。

（4）展示调查结果。市场调查报告应重点把基本的调查结果分条理、分层次，清晰地列示出来，以便调查报告使用者能从调查结果中得出结论和启示，思考应采取的行动。

（5）提出结论和建议。为使市场调查报告具有可执行性，调查者可以在报告中清晰地表达从调查结果中得出的结论、启示和建议，供调查报告使用者参考。但应注意，报告中提出的结论、启示和建议，必须以调查结果为依据，而不能只是调查者自己的观点。

3.3.2　撰写市场调查报告

一、调查报告的撰写步骤

（1）准备工作

调查报告撰写的准备工作主要包括访问委托人和了解读者。因为委托人和读者是调查报告的服务对象。他们不同的要求和观点，会影响调查报告的阐述方向和侧重点。只有了解他们的具体要求，才能做到对他们重点关心的问题进行重点叙述，使调查报告得到最大的认可。

（2）构思主题

构思的主体主要有两个步骤。

① 构思是根据思维运动的基本规律，从感性认识上升到理性认识的过程。通过收集到的资料，即调查中获得的实际数据资料及各方面背景材料，初步认识客观事物。

② 选题。选题是发现、选择、确定、分析论题的过程；论题就是分析对象和分析目的的概括。所以选题一般表现为调查报告的标题。选题是认识过程中已知领域与未知领域的连接点，它既表现为已知的，是在以往认识基础上产生的，又表现为未知的，是以往认识活动所未解决的。它既反映了现有知识的广度和深度，又反映了未知领域探索的广和深度。

选题的途径一般分为领导征集或外单位委托和作者自选观察、调查两种。选好题的关键是处理好分析对象的意义、服务对象的需求和作者的主观条件。

③ 确立观点，列出论点、论据。观点是调查研究者对分析对象所持的看法与评价，是调查材料的客观性与作者主观认识的统一，是形成思路、组织材料、构成篇章的基本依据和出发点。观点是在材料充分的基础上形成的，它的思维过程是对调查材料的分析——综合——再分析。随着人们认识的不断深入、认识水平的不断提高，观点渐渐产生。因此，观点的确定一般要经历萌发、深化、形成 3 个阶段。在观点形成的过程中要遵循分析要深入、分析要具体、立论要新颖的原则。

（3）材料取舍

资料是形成调查报告主题观点的基础。观点是资料的统帅和代表。观点决定资料的取舍和使用。只有达到资料与观点的高度统一，资料才能充分地说明调查报告的主题。在取舍调查材料时，应注意以下几点。

① 材料的充分、完整。对调查资料要进行全面的分析和比较，以获取尽可能充分和完整的材料。因为调查报告与简报不同，不能只是简单的罗列材料，而应根据调查报告的目的和要求，进行具体的分析、比较和论证。这种分析、论证又与论文不同，它必须以反映事实为基础。在事实叙述的前提下，撰写人员把充分完整的材料提到原则高度上进行适当的评析，才能揭示材料的性质和意义。

② 材料的筛选。资料只有依据主题的需要、观点的要求进行筛选，才能使主题更加突出。与主题无关的或关系不大的资料都要忍痛割爱。否则，堆砌材料会冲淡主题，降低调查报告的效果。

精选标准能深刻说明问题的本质。精选一般采用比较鉴别的方法，对同类材料依精选标牌和报告的篇幅进行比较、鉴别，以决定取告的选取。另外，鉴于调查报告明确、简练的特点，可用可不用的材料要大胆舍弃。

③ 多次取舍。在调查材料数量很大时，为减少不必要的劳动，分析人员在分析之前也可进行一次取舍。但在分析前后对材料的取舍都要以相关概率统计理论为依据。这样既省力，又不降低材料的代表性和结论的科学性。只有经过筛选，调查报告才有充分的依据，而不至于偏颇。

（4）列出提纲

提纲是市场调研报告的骨架，也是市场调研报告的写作思路。在调查报告的撰写过程当中，拟定提纲的过程实际上就是把调查材料进一步分类、构架的过程。构架的原则是："围绕主题，层层紧逼，环环相扣"。提纲或骨架的特点是它具有内在的逻辑性，要求必须纲目分明，层次分明。

调查报告的提纲有两种方式：一种是观点式提纲，即将调查者在调查研究中形成的观点按逻辑关系一一地列写出来；另一种是条目式提纲，即按层次意义表达上的章、节、目，逐一地写成提纲。也可以将这两种方式结合起来制作提纲。

实务借鉴　　　　　　**某品牌电视机市场调查报告提纲**

第一章　前言（研究的背景和摘要等）

第二章　研究的基本情况（目的、对象、抽样方法等）

第三章　某品牌电视机的市场规模

第四章　某品牌电视机的市场结构

第五章　某品牌电视机市场消费者购买行为

第六章　某品牌电视机市场趋势

第七章　结论

第八章　建议

附录　市场调查计划书、调查问卷、统计分析公式、图表等。

（5）撰写报告

撰写调查报告时应该以事实为依据组织内容编写。在行文时要注意以下几点。

① 结构合理（标题、导语、正文、结尾、落款）。

② 报告文字规范，具有审美性与可读性。

③ 通俗易懂。撰写人员注意对数字、图表、专业名词术语的使用，做到深入浅出，语言具有表现力，准确、鲜明、生动、朴实。

（6）修改定稿

修改报告时主要考虑以下问题：一是检查报告的结构、可读性及其内容完整性；二是检查具体数据的准确性；三是调查报告的整体设计。

二、调查报告的撰写原则

调查报告的撰写应遵循针对性、新颖性、时效性、科学性的原则。

（1）针对性

针对性包括选题上的针对性和阅读对象的明确性两方面。首先，调查报告在选题上必须强调针对性，做到目的明确、有的放矢，围绕主题展开论述，这样才能发挥市场调查应有的作用；其次，调查报告还必须明确阅读对象。阅读对象不同，他们的要求和所关心的问题的侧重点也不同。比如调查报告的阅读者是公司的总经理，那么他主要关心的是调查的结论和给出的建议，而不是大量的数字分析等。但如果阅读的对象是市场研究人员，他所需要了解的是这些结论是怎么得来的，是否科学、合理，那么，他更关心的就是调查所采用的方式、方法，数据的来源等方面的问题。针对性是调查报告的灵魂，撰写人员必须明确要解决什么问题，阅读对象是谁等。针对性不强的调查报告必定是盲目的和毫无意义的。

（2）新颖性

市场调查报告的新颖性是指调查报告应从全新的视角去发现问题，用全新的观点去看待问题。市场调查报告要紧紧抓住市场活动的新动向、新问题并提出新观点。这里的新，更加强调的是提出一些新的建议，即以前所没有的见解。例如，许多婴儿奶粉均不含蔗糖，但是调查人员通过调查发现，消费者并不一定知道这个事实。有人就在调查报告里给某个奶粉制造商提出了一个建议，建议在广告中打出"不含蔗糖"的字样，奶粉制造商在打广告时采用了这个建议，结果取得了很好的效果

（3）时效性

市场的信息千变万化，经营者的机遇也是稍纵即逝。市场调查如果滞后，就失去其存在的意义。因此，要求调查行动要快，调查人员应将从调查中获得的有价值的内容迅速、及时地报告出去，供经营决策者抓住机会，在竞争中取胜。

（4）科学性

市场调查报告不是单纯地报告市场的客观情况，而是要通过对事实做分析研究，寻找市场发展的变化规律。这就需要写作者掌握科学的分析方法，得出科学的结论，适用的经验、教训，以及解决问题的方法、意见等。

三、调查报告的撰写技巧

（1）叙述的技巧

市场调查的叙述，主要在开头部分，叙述事情的来龙去脉，表明调查的目的、根据、过程和结果。此外，在主体部分还要叙述调查得来的情况。市场调查报告常用的叙述技巧有概括叙述、按时间顺序叙述、叙述主体的省略。

① 概括叙述。叙述有概括叙述和详细叙述之分。市场调查报告主要用概括叙述，将调查过程和情况概略地陈述，不需要对事件的细枝末节详加铺陈。这是一种"浓缩型"的快节奏叙述，文字简约，一带而过，给人以整体、全面的认识，以适合市场调查报告快速及时反映市场变化的需要。

② 按时间顺序叙述。是指调查人员在交代调查的目的、对象、经过时，往往用按时间顺序叙述的方法。例如，开头部分叙述事情的前因后果，主体部分叙述市场的历史及现状，这就体现为按时间顺序叙述。

③ 叙述主体的省略。市场调查报告的叙述主体是写报告的单位，叙述中用"我们"第一人称。为行文简便，叙述主体一般在开头部分出现后，在后面的各部分即可省略。这种省略并不会令人产生误解。

（2）说明的技巧

市场调查报告常用的说明技巧有数字说明、分类说明、对比说明、举例说明。

① 数字说明。市场运作离不开数字，反映市场发展变化情况的市场调查报告，要运用大量数据，以增强调查报告的精确性和可信度。

② 分类说明。在市场调查中所获的材料杂乱无章，根据主旨表达的需要，撰写者可将材料按一定的标准分为几类，分别说明。例如，将调查得来的基本情况，按问题性质归纳成几类，或按不同层次分为几类。每类前冠以小标题，按提要句的形式表述。

③ 对比说明。市场调查报告中有关情况、数字的说明，往往采用对比形式，以便全面深入地反映市场变化的情况。对比要清楚事物的可比性，在相同标准的前提下，做切合实际的比较。

④ 举例说明。为说明市场发展的变化情况，举出具体、典型事例，这也是常用的方法。在市场调查中，调查人员会遇到大量的事例，应从中选取有代表性的例子。

（3）议论的技巧

市场调查报告常用的议论技巧有归纳论证和局部论证。

① 归纳论证。市场调查报告是在占有大量材料的基础上，做分析研究，得出结论，从而形成论证过程。这一过程，主要运用议论方式，所得结论是从具体事实中归纳出来的。

② 局部论证。市场调查报告不同于议论文，不可能形成全篇论证，只是在情况分析、对未来预测中做局部论证。例如，对市场情况从几个方面做分析，每一方面形成一个论证过程，用数据、情况等作论据去证明其结论，形成局部论证。

（4）语言运用的技巧

语言运用的技巧包括用词方面和句式方面的技巧。

① 用词方面。因为市场调查离不开数字，很多问题要用数字说明，所以市场调查报告中数量词用得较多。可以说，数量词在市场调查报告中以其特有的优势，越来越显示出其重要作用。市场调查报告中介词用得也很多，主要用于交代调查的目的、对象、根据等方面，如用"为、对、根据、从、在"等介词。此外，还多用专业词，反映市场的发展变化，如"商品流通""经营机制""市场竞争"等。为使语言表达准确，撰写者还需熟悉与市场有关的专业术语。

② 句式方面。市场调查报告多用陈述句来陈述调查过程、调查到的市场情况，表示肯定或否定的判断。祈使句多用在提议部分，表示某种期望，但提议并非皆用祈使句，也可用陈述句。

（5）外观设计的技巧

调查报告的外观与内容同样重要，如同产品的包装一样，它也是构成调查报告质量的一部分。这就意味着，报告使用者可能把调查报告的组织、纸张质量、印刷格式等作为评判报告质量的参考标准。因此，设计调查报告的外观要注意：采用高质量的纸张，打印、排版、印刷、装订均应规范化，做到装帧精美，翻阅方便。内外兼顾才是真正高质量的调查报告。

知识链接　　　　　　　　调查报告撰写注意事项

一份高质量的调查报告，除了符合调查报告的一般格式外，还应注意以下一些问题。

（1）实事求是。

市场调查研究是为了揭示事情的真相。在研究过程中，调查人员要求实事求是，按照程序进行科学的研究，极大地克服个人偏见和主观影响。因此，作为市场调查结果的调查报告也必须真实、准确，要以实事求是的科学态度，准确地总结和反映调查结果。

（2）重点突出。

市场调查报告的内容编排应该密切结合调查宗旨，重点突出调查目标的完成和实现情况。一份高质量的调查报告既要具备全面性、系统性，又要具备专对性和适用性。因此，在编写调查报告时撰写人员必须对信息资料进行严格分类和筛选，剔除一切无关资料。

（3）篇幅适当。

调查报告的价值需要以质量和有效性来度量，而非篇幅的长短。因此，在撰写调查报告时，应根据调查目的和调查报告内容的需要确定篇幅的长短。市场调查阶段积累的大量信息资料虽然弥足珍贵，但如果全部纳入调查报告，必然会使调查报告的内容冗长繁杂，阅读者由于难以领略重点而产生反感。因此，调查报告篇幅的长短，内容的取舍、详略都应该根据需要确定。

（4）解释充分。

调查的目的在于利用丰富的信息资料说明市场现象所蕴涵的特征、规律和趋势。信息资料所蕴涵的市场特征、规律和趋势并非是每个人都能领会的，这就需要调查人员运用专业知识和科学的理论进行解释。一份高质量的调查报告应该充分利用统计图表、统计数据等各种形式的表现方法来说明和显示资料，使阅读者更容易接受和认同。

（5）便于阅读。

为了提高调查报告的可阅读性，调查报告应做到版面设计合理、语言简洁、字迹清晰、书写工整。同时，任何调查报告的阅读和使用都有其特定的对象，因此撰写人员要结合不同对象的工作性质和文化程度等因素来安排调查报告的写作风格。

实训 3

撰写调查报告

实训目的：分析调查资料，能够撰写市场调查报告。

实训要求：

1. 全班同学合理分组，模拟一项调查活动。

2. 根据调查活动撰写调查报告。

3. 按照调查报告撰写原则、方法、结构和内容撰写。

4. 提交结果，教师现场讲解与指导。

5. 根据修改意见对存在问题进行整改。

项目小结

本项目主要介绍处理分析资料的相关知识，包括整理统计调查数据、分析市场调查数据、撰写市场调查报告。

案例分析

某家电经销商为了了解消费者的空调购买行为，从某市城镇居民家庭中抽取了 1 000 户进行问卷调查，并从市统计局搜集了有关的数据。资料整理如下。

1. 近 10 年城镇居民可支配收入，空调拥有量等数据资料如下：

年份	2001	2002	2003	2004	2005	2006	2007	2008	2009	2010
可支配收入（元/人）	1 592	1 783	2 168	2 817	3 886	4 705	5 052	5 209	5 435	5 818
消费性支出（元）	1 294	1 446	1 732	2 194	3 138	3 886	4 098	4 137	4 482	4 800
耐用品支出（元）	88	105	128	168	245	269	332	352	394	486
空调拥有量（台/百户）	108.1	110.8	114.2	117.1	119.5	121	122.8	1 251	1 281	1 323

2. 去年年末不同收入家庭空调拥有量（台/百户）如下：

	最低收入	低收入	中等偏下	中等收入	中等偏上	高收入	最高收入
拥有量	88.46	116.35	119.32	123.32	140.12	145.32	151.32

3. 调查的 1 000 户居民家庭中，计划 3 年内购买空调的户数分别 53 户、89 户、58 户（1 000 户中有 868 户拥有空调 1 316 台，132 户没有空调）。

4. 计划购买空调的 200 户家庭关注空调的服务、质量、促销、价格及其他要素的分别为 28 户、144 户、4 户、20 户、4 户。

5. 购买空调的 200 户家庭准备购买单冷机的 23 户，冷暖机的 170 户，到时候再决定的 7 户；准备购买窗式机的 39 户，柜机的 43 户，壁挂机的 118 户。

6. 计划购买空调的 200 户家庭，空调信息来源的渠道分别为报纸刊物 90 户，电视广告 87 户，销售现场 8 户，朋友同事告知 6 户，销售人员促销 3 户，户外广告 4 户，网络广告 2 户。

7. 计划购买空调的 200 户家庭，考虑购买空调的地点分别为专卖店 77 户，大型电器商场 94 户，综合性商场 82 户，家电连锁店 56，厂家直销店 48 户（有同时选择多个地点的情形）。

8. 计划购买空调的 200 户家庭，考虑购买时间的选择分别为夏季 86 户，冬季 60 户，厂家促销期 42 户，春季和秋季 12 户。

9. 计划购买空调的 200 户家庭，空调功率的选择分别为 1 匹以下 7 户，1 匹 41 户，1.5 匹 48 户，2 匹 35 户，2.5 匹 12 户，3 匹以上的 23 户，到时候视情况而定的 34 户。

10. 计划购买空调的 200 户家庭，空调价位选择分别为 2 000 元以下的 12 户，2 000～3 000 元的 56 户，3 000～4 000 元的 45 户，4 000～5 000 元的 36 户，5 000 元以上的 30 户，到购买时再定的 21 户。

11. 居民家庭对空调需求降低的态度分布为：非常欢迎的 482 户，无所谓的 106 户，不欢迎的 5 户。

12. 居民家庭对绿色环保空调的看法：符合空调发展方向的 252 户，符合消费需求的 312 户，空调的必须要求的 127 户，厂家炒作的 112 户，不知道的 197 户。

13. 居民家庭对变频空调的看法：符合空调发展方向的 169 户，符合消费者需求的 294 户，空调的必须要求的 140 户，厂家炒作的 99 户，不知道的 298 户。

14. 居民家庭对静音空调的看法：符合空调发展方向 239 户，符合消费者需求 391 户，空调的必须要求的 210 户，厂家炒作的 52 户，不知道的 108 户。

15. 居民家庭认为厂家宣传推广对购买决策很有影响的 170 户，有影响的 280 户，一般的 235 户，无影响的 15 户。

根据上述材料，回答以下问题。

（1）你认为上述调查数据的加工处理有何特点？有哪些缺陷？

（2）在实际工作中，你应怎样弥补这些缺陷？

项目实践

处理分析 2011 年天津春季房交会市场调查资料

背景资料：

2011 年 4 月 29 日，历时 5 天的天津春季房交会圆满闭幕。

一、文案调查数据

（一）房展组委会统计

本次房展参观人流量达到 12 万人次；参展商品房项目 63 个，876.87 万平方米；通过经纪公司参展的二手房 35 589 套，共 322.37 万平方米；经济适用房项目 5 个，共 73.84 万平方米。

（二）本届房交会成交明细如下：

项目	成交套数（套）	成交面积（平方米）	成交金额（亿元）	平均价格（元/平方米）
商品房	487	41 622.4	3.4	8 165
二手房	329	22 928.2	1.6	7 018
经济适用房	172	11 383	0.49	4 312

（三）按参展项目统计

本届房展会上参展的商品房项目西青区居首，共 13 个，南开、滨海新区各 9 个项目位居第二，津南区 7 个项目位居第三。按面积划分，位列前 3 位的分别为：滨海新区（275.62万平方米）、西青区（166.29万平方米）、津南区（134.98万平方米）。

二、问卷调查数据

在回收的 600 份有效问卷中，统计资料如下。

（1）地域：选择河西的有 91 人、河东的 56 人、和平的 72 人、南开的 93 人、河北的 59 人、红桥的 72 人、塘沽的 22 人、大港的 18 人、西青的 43 人、东丽的 22 人、津南的 42 人、其他的 10 人。

（2）房屋居室：在被调查的意向购房者中选择一居的 176 人，选择二居的 223 人，选择三居的 124 人，选择三居以上的 77 人。

（3）户型面积：意向购房者选择户型面积在 130 平方米以上住宅的有 92 人，选择 90～130 平方米之间的有 248 人，选择面积在 90 平方米以下的中小户型 260 人。

（4）购买时间：从天津购房人群意向购买时间来看，有 176 人准备在半年内购买房子，有 224 人准备在一年内购买，有 127 人准备在两年内购买，有 73 人准备在两年以上购买。

（5）购买次数：意向购房者中，首次购房的 304 人，二次购房的 296 人。

（6）购房用途：自住的 331 人，度假的 19 人，投资的 215 人，三者都有的 35 人。

（7）意向购房单价：意向购买单价在 4 000 元以下的 45 人，4 000～5 000 元的 52 人，5 000～6 000 元的 64 人，6 000～7 000 元的 87 人，7 000～8 000 元的 72 人，8 000～9 000 元的 115人，9 000～10 000 元的 108 人，10 000 元以上的 57 人。

（8）支付能力：能承受一次性付款的 124 人，选择分期付款的 476 人。

（9）分期付款月承受能力：选择分期付款的，能承受 1 000 元以下的 24 人，1 000～2 000元的 21 人，2 000～3 000 元的 194 人，3 000～4 000 元的 104 人，4 000 元以上的 77 人。

（10）购房人群年龄分布：25 岁以下的 15 人，25～30 岁的 54 人，31～35 岁的 177 人，36～40 岁的 201 人，41～55 岁的 154 人，55 岁以上的 49 人。

训练要求：

（1）教师对班级学生进行分组，每组 5 人左右。项目以小组为单位实施训练，每组确定一位组长，负责沟通与协调。小组之间既分工又协作，做好各项准备。

（2）请对 2011 年天津春季房交会问卷调查数据进行整理，通过 Excel 选择适合各类数据分析的图形，进行制图分析。

（3）以小组为单位，上交上述任务的电子文档与纸质文档。

（4）根据调查资料分析整理存在的问题，并交流和讨论。

考核评价

任务考核评分表

评价指标		评价标准	成绩评定			
			个人自评 20%	本组互评 30%	他组评价 30%	教师评价 20%
职业能力（共50分）	自我学习（10分）	能掌握实施市场调查的程序与流程；能了解调查人员的选择标准、培训原则、培训方法和培训内容；能理解对调查人员进行管理的方法				
	解决问题（10分）	能够组建调查队伍，进行各项准备工作；能够搜集、整理数据材料，实施市场调查；能够对调查工作进行初步评估				
	与人交流（10分）	掌握沟通技巧，善于表达，具有亲和力，能很好地与被调查者交流，顺利获取需要的信息				
	与人合作（10分）	互相尊重，平等相待，友善合作，互相商讨，协同完成任务				
	工作创新（10分）	不拘泥于理论、经验与形式，善于寻找高效实施调查的技巧和方法，对环境变化灵活应对，及时处理突发问题和事件				
职业道德（共50分）	职业观念（10分）	能正确认识调查人员的职业道德和企业营销伦理问题				
	职业情感（10分）	对调查工作有愉快的主观体验，稳定的情绪表现、良好的心态，具有强烈的职业认同感和荣誉感				
	职业态度（10分）	工作积极，对调查有充分的认知和积极的行动倾向				
	职业责任（10分）	严格自律，责任感强，具有较强的敬业精神				
	职业作风（10分）	作风良好，自觉行动				
合　计						
任务总成绩						

个人参与度评分标准

项目	优	良	中	差
调查工作表现	提前或准时到现场开展工作 0.3	迟到 5 分钟以内,能顺利开展工作 0.25	迟到 10 分钟以内,在提示下开展工作 0.2	迟到 10 分钟以上,工作心不在焉 0.1
承担调查工作量	承担实训任务并负责小组调查管理 0.4	承担实训任务并协助小组负责人工作 0.35	承担实训任务 0.3	应付 0.1
完成调查任务态度	积极主动,认真努力 0.3	认真对待 0.27	不太重视,马马虎虎 0.2	拒绝 0

优:0.12+0.18+0.4+0.3=1。小组长根据每位学生成员的讨论表现、承担的工作量、完成任务的态度等各项的具体表现对照评分,然后加总就是该学生的实训参与度评分。

小组名称:

组长:	个人参与度分数=
成员:	个人参与度分数=
成员:	个人参与度分数=
成员:	个人参与度分数=
成员:	个人参与度分数=
成员:	个人参与度分数=

个人成绩=任务总成绩×个人参与度

课后自测

一、单选题

1. 以下不属于资料整理步骤的是（ ）。

    A. 确认与编辑   B. 编码、录入与汇总

    C. 评估、反馈   D. 拟定统计分析计划

2. 在资料整理原则中,（ ）要求从整体综合的角度考虑问题。

    A. 真实性   B. 准确性   C. 系统性   D. 完整性

3. （ ）是指反映某一市场情况的资料必须尽可能全面,以便如实地反映该现象的全貌。

    A. 真实性   B. 准确性   C. 系统性   D. 完整性

4. （ ）的主要职责是对搜集到的问卷资料进行编码,将数据资料录入编码,并将资料输入计算机,以便研究人员做统计分析处理。

    A. 计算机录入员   B. 研究人员   C. 督导   D. 访问员

5. 以宽度相等的条形高低来表示各组频数或频率大小的图形称为（ ）。

    A. 柱形图   B. 条形图   C. 饼形图   D. 圆环图

6. 以圆形的面积代表总体指标数值,圆形的各扇形面积代表各组指标数值,或将圆形面积分为若干角度不同的扇形,分别代表各组频率的图形为（ ）。

A. 柱形图　　　　B. 条形图　　　　C. 饼形图　　　　D. 圆环图

7.（　　）是以条形长短来表示事物数量的大小，显示各数间差异的一种图形。

A. 条形图　　　　B. 圆形图　　　　C. 直方图　　　　D. 频数折线

8.（　　）指直方图的顶部中点连线。

A. 条形图　　　　B. 圆形图　　　　C. 直方图　　　　D. 频数折线

9.（　　）常用于比较性质相似，多间断性的资料。

A. 条形图　　　　B. 圆形图　　　　C. 直方图　　　　D. 频数折线

10.（　　）是表示连续性资料的频数分配，它是以矩形的面积表示频数分配的一种条形图。

A. 条形图　　　　B. 圆形图　　　　C. 直方图　　　　D. 频数折线

11.（　　）是由统计指标和被说明的事物两部分组成的，是整理和叙述统计资料的一种重要形式。

A. 统计图　　　　B. 离散程度　　　　C. 推论统计　　　　D. 统计表

12.（　　）是指组织一些具有丰富调查经验的人士或专家，对设计出的调查方案加以初步研究和判断，以说明方案的可行性。

A. 经验判断法　　B. 逻辑分析法　　C. 抽样调查法　　D. 试点调查法

13.（　　）是用过去的经验作为预测未来的手段，这个过程受过去经验的影响很大。

A. 统计　　　　B. 推断　　　　C. 预测　　　　D. 分析

14. 数列 12,22,22,25,30,32,32,50,55,60 的中位数是（　　）。

A. 30　　　　B. 31　　　　C. 32　　　　D. 34

15. 中位数位置的计算公式是（　　）。

A. $n-1/2$　　B. $n/2$　　C. $n+1/2$　　D. $n+2/2$

16.（　　）是指把变量的值按照一定的类别、次序和距离划分成若干组，然后将所有的项目在各组出现的次序记录下来。

A. 统计图　　　　B. 离散程度　　　　C. 频数分布　　　　D. 相关关系

17. 以下相关的种类，不是按照相关程度划分的是（　　）。

A. 正相关　　　　B. 不相关　　　　C. 不完全相关　　　　D. 完全相关

18.（　　）是调查分析报告内容的浓缩点。

A. 题目　　　　B. 摘要　　　　C. 目录　　　　D. 调查结论

19. 用调查对象和调查的主题问题作为题目，例如一项关于大学生手机使用情况的调查，标题就可以为"××市大学生手机使用情况调查报告"。这种标题的写法称为（　　）。

A. 表明观点式　　B. 直叙式　　　　C. 提问式

20. 调查报告的撰写在文体上最好用第三人称或非人称代词，行文时应以向读者报告的语气撰写，不要表现出力图说服读者同意某种观点或看法。这主要是体现市场调研报告撰写的（　　）。

A. 客观性原则　　B. 突出重点原则　　C. 简要性原则　　D. 经济性原则

二、多选题

1. 调查资料的整理是对调查资料进行（　　　）的过程。

   A. 分组　　　　　　B. 使其系统化　　　　C. 汇总　　　　D. 使其条理化

2. 市场调查资料的整理与分析的意义在于（　　　）。

   A. 资料整理提高了调查资料的价值

   B. 资料整理可以激发新信息的产生

   C. 资料整理可以对前期工作起到纠偏作用

   D. 加速了调查结论的提出

3. 调查资料经过层层审核后，最终会呈现出三类结果（　　　）。

   A. 有效问卷　　　B. 有疑问卷　　　　C. 无效问卷　　　D. 空白问卷

4. 数据的陈示形式有（　　　）。

   A. 统计表　　　　B. 统计图　　　　　C. 数据库　　　　D. 数据报告

5. 分析市场调查资料要做到（　　　）。

   A. 对本次调查的核心目的进行分析，确定此次调查分析的方向和最终目的，以及资料分析的重点等情况的主观预测

   B. 确定调查资料收集的具体方法是否适合调查的总体目标，是否具有针对性

   C. 对收集资料的可靠性和代表性进行分析

   D. 选用适当的分析方法，对调查资料的数据进行分析，总结资料所反映的问题

   E. 得出综合的分析结论

6. 经验判断分析具有以下优点（　　　）。

   A. 揭示事物发展的方向及趋势　　　　　B. 研究事物规模的大小

   C. 得到有关新事物的概念　　　　　　　D. 提高调查数据的准确性

7. 集中趋势分析在于揭示被调查者回答的集中程度，即平均水平。描述数据集中趋势的统计量常用的有（　　　）。

   A. 平均数　　　B. 众数　　　　C. 全距

   D. 中位数　　　E. 标准差

8. 数据的离散程度分析主要用来反映数据之间的差异程度。常用的指标有（　　　）。

   A. 方差　　　　B. 标准差　　　　C. 众数

   D. 平均数　　　E. 全距

9. 一份完整的市场调查报告一般包括（　　　）等部分。

   A. 封面　　　　B. 目录　　　　　C. 摘要

   D. 正文　　　　E. 附件

10. 市场调查报告标题的形式有（　　　）。

    A. 直叙式标题　　B. 表明观点式标题　　C. 提问式标题　　D. 副标题

11. 引言即调查报告的开头，引言的形式有（　　　）。

    A. 开门见山，直奔主题　　　　　　　B. 交代情况，逐层分析

C. 结论先行，逐步论证　　　　　　　D. 提出问题，引入正题

12. 市场调查报告的目录一般包括（　　　）。

A. 摘要　　　　　　B. 调查概况　　　　　C. 研究方法　　　D. 调查结果分析

E. 结论及建议　　　F. 附件

13. 场调查报告摘要必须包括和内容有（　　　）。

A. 简要说明调查目的　　　　　　　　B. 介绍调查对象和调查内容

C. 简要介绍调查研究的方法　　　　　D. 简要说明调查结论与建议

E. 调查数据的具体分析过程

14. 市场调查报告的正文一般由（　　　）等部分构成。

A. 前言　　　　　　B. 主体（数据分析）C. 结论

D. 建议　　　　　　E. 调查问卷

15. 市场调查报告前言部分的主要作用是对后面的主体部分做一个引导，对主体部分的数据来源做一个交代，证明用以论证的数据是有效的、可靠的，从而也进一步证明得出的结论和建议的可靠性。所以，前言部分虽然写作形式不同，但一般应包括（　　　）。

A. 调查项目的背景　　　　　　　　　B. 调查的必要性和意义

C. 调查的主要内容　　　　　　　　　D. 调查的主要方式方法

E. 调查的主要过程

16. 附件是与调查过程有关的各种资料的总和，这些内容不便在正文中涉及，但在阅读正文或者检验调查结果的有效性时，需要参考这些资料。它是对正文报告的补充或更详尽的说明。主要包括（　　　）。

A. 调研方案　　　　B. 调研问卷　　　　　C. 数据整理与分析表格

D. 抽样技术方案　　E. 参考文献

17. 市场调查报告撰写的原则主要包括（　　　）。

A. 客观性原则　　　B. 突出重点原则　　　C. 简要性原则　　D. 经济性原则

18. 市场调研报告的价值不是以报告的长短来衡量的，而是以质量、简洁与有效性来度量的。因此，市场调研报告应该简明扼要，任何不必要的东西都应该去掉，避免对常规性问题进行冗长的讨论。这主要是体现市场调研报告撰写的（　　　）。

A. 客观性原则　　　B. 突出重点原则　　　C. 简要性原则　　D. 经济性原则

三、名词解释

1. 市场调查资料整理：

2. 审核：

3. 资料分组：

4. 编码：

5. 平均数：

6. 众数：

7. 中位数：

8. 全距：

9. 平均差：

10. 平均差系数：

11. 标准差：

12. 标准差系数：

13. 总量指标：

14. 平均指标：

15. 相对指标：

16. 方差分析：

17. 相关分析：

18. 回归分析：

19. 市场调查报告：

四、简答题

1. 市场调查资料整理的过程大致分几步？

2. 如何对问卷进行审核？

3. 在进行数据录入时应该注意哪些方面的问题？

4. 最常见的表格有哪些格式？

5. 统计图的构成要素有哪些？

6. 市场调查分析报告的结构由哪几部分组成？

7. 调查报告摘要包括哪几个方面？

8. 编写调查报告所使用的语言有哪些要求？

五、计算题

1. 某同学进行社会调查，随机抽查了某个地区 20 个家庭的收入情况，并绘制了统计图。请根据统计图给出的信息回答以下问题。

（1）填写完成下表：

年收入（万元）	0.6	0.9	1.0	1.1	1.2	1.3	1.4	9.7
家庭户数（户）								

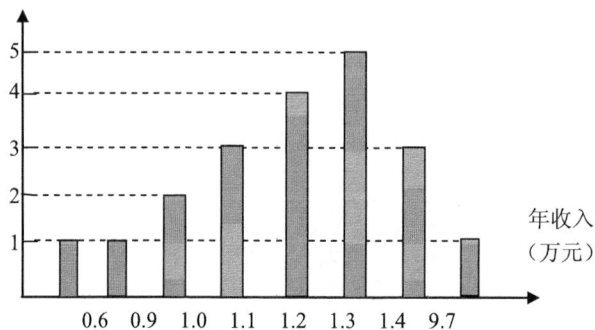

所占户数（户）

年收入
（万元）

（2）这 20 个家庭的年平均收入为_____万元；

（3）样本中的中位数是_____万元，众数是_____万元；

（4）在平均数和中位数两数中，_____更能反映这个地区家庭的年收入水平。

2．有 9 人，他们的月工资分别如下：47 元，42 元，50 元，51 元，92 元，112 元，71 元，83 元，108 元，计算中位数。

3．有如下资料：

1998 年某系新生入学时体重（千克）

体重（组中点）（kg）	人数（人）
47	4
50	20
53	25
56	38
59	21
62	12
65	5
总数	125

问题：计算求全距？

4．某商店售货员的工资资料如下：

工资额（元）	售货员人数（人）
375	4
430	3
510	7
590	3
690	3

根据上表计算该商店售货员工资的全距，平均差和标准差，平均差系数和标准差系数。

5．对 9 位青少年的身高 Y 与体重 X 进行观测，并已得出以下数据：

$$\sum Y_i = 13.54，\sum Y_i^2 = 22.9788，\sum X_i = 472，\sum X_i^2 = 28158，\sum X_iY_i = 803.02$$

要求：（1）以身高为因变量，体重为自变量，建立线性回归方程；（2）计算决定系数；（3）计算身高与体重的相关系数。

六、分析题

1．下列为一项市场调查问卷中的部分问题，请编制编码表，并录入 Excel 表。（假设原始资料 25 分）

（1）在这次"乳品危机"发生之前，您饮用牛奶的频率为（　　　）。

　　A．每天　　　　B．经常　　　　C．不经常

（2）您以前一般喝（　　）牌子的牛奶。

　　A．光明　　　　B．蒙牛　　　　C．伊利

　　D．南山　　　　E．其他

（3）您近来喝奶的频率是否恢复到正常（　　　）。

    A. 是，给您带来安全感的原因是＿＿＿＿＿＿

    B. 否，给您带来不安全感的原因是＿＿＿＿＿＿

    C. 无所谓，原因是＿＿＿＿＿＿＿＿＿＿＿＿＿＿

（4）当您一直饮用的品牌牛奶被检测出存在问题时，您是否会继续购买这种品牌？

    A. 不会购买　　　B. 视情况而定　　　C. 再也不购买该品牌

2. 大一学生就"最喜欢的球类运动"曾进行过问卷调查，每人只能报一项，结果 300 人回答的情况如下表所示。如何用扇形统计图表示出来，再根据图示的信息制成条形统计图？

排球	54（人）
足球	75（人）
篮球	57（人）
乒乓球	96（人）
其他	18（人）

【学习收获】

项目四
反馈评价调查结果

项目导入

　　在市场调查活动中，当我们将一份正式的市场调查报告提交给委托方后，我们还有一项重要工作，即跟踪市场调查结果，向用户解释报告。市场调查项目的委托方提出项目的直接目的就是为了获得满意的市场调查报告，给自己的经营决策提供帮助。因此，必须重视与委托方的交流工作，使市场调查报告实现效用最大化。所以，本项目重点介绍对调查结果的沟通和评价。

学习目标

知识目标

1. 掌握解释报告的方法。
2. 识记自我评价的要点。
3. 学会调查结论检查的技巧。
4. 熟悉口头报告的工作过程。
5. 了解口头报告的演示技巧。

能力目标

1. 能熟练向客户解释报告。
2. 能以演示文稿为辅助工具进行口头报告。

上海柴远森先生出差来北京的时候，在书店买了一本市场调查的书。3个月以后，他为这本书付出了三十几万元的代价。更可怕的是，这种损失还在继续，除非柴先生的宠物食品公司关门，否则那本书会如同魔咒般伴随着他的商业生涯。

为了能够了解更多的消费信息，柴先生设计了精细的问卷，在上海选择了1 000个样本，并且保证所有的抽样在超级市场的宠物组购物人群中产生，问卷内容涉及价格、包装、食量、周期、口味、配料6大方面，覆盖了所能想到的全部因素。沉甸甸的问卷让柴氏企业的高层着实振奋了一段时间，谁也没有想到市场调查正把他们拖向溃败。

2005年初，上海柴氏的新配方、新包装狗粮产品上市了，旺销持续了一星期，随后就是全面的萧条，后来产品在一些渠道甚至遭到了抵制。过低的销量让企业高层不知所措，当时远在美国的柴先生更是惊讶："科学的市场调查为什么还不如以前我们凭感觉定位来的准确？"到2005年2月初，新产品被迫从终端撤回，产品革新宣布失败。

柴先生告诉《中国财富》："我回国以后，请了十多个新产品的购买者回来座谈，他们拒绝再次购买的原因是宠物不喜欢吃。"产品的最终消费者并不是"人"，人只是一个购买者，错误的市场调查方向，决定了调查结论的局限性，甚至荒谬。

经历了这次失败，柴先生认识到了市场调查的两面性：成功的市场调查可以增加商战的胜算，而失败的市场调查对企业来说是一场噩梦。

任务 4.1 总结评价调查结果

任务提示

我们当撰写完市场调查报告，并将报告提交给委托方后，还有一个非常重要的工作，就是对市场调查报告进行跟踪，并对市场调查报告进行评价，以便我们能更好地为委托方服务，留住客户。

4.1.1 跟踪市场调查报告

市场调查报告编写完成后，我们应为委托者做好后续的跟踪服务工作。我们如果不能保障良好的后续跟踪服务，就很难留住客户。为客户服务的第一要务就是做好市场调查报告的解释工作。

一、准备工作

在进行报告解释之前，调查公司负责报告解释的小组必须认真分析和了解听取报告的对象特点。既要掌握听众们的身份，又要了解和掌握他们真正的需要和关注的重点，以及他们对市场调查问题的熟悉程度和以后对决策的参与程度等，从而为确定解释的内容、重点、形式等提供依据。

（1）内容要求

解释市场调查报告要以市场调查的结果为基础，以准确解释有关情况为基本出发点。但是具体说来，针对不同的听众及其不同的要求，解释的内容、侧重点应该有所不同。

在有书面报告的前提下，听众如果已经阅读过报告，就会对我们的解释内容有影响，我们解释的重点应多加注意。不管具体的内容有何不同，都要求我们进行精心的组织，力求简练清晰。

（2）编列大纲

在进行报告解释之前，解释人员应将解释的内容写成一个书面的材料，并要制作一个汇报大纲。这样，就能事先周密的准备好汇报的内容。哪些是该解释的，哪些是不该解释的，解释人员能有充分的时间思考。有了书面材料，也能防止口头解释时忙中出错，使解释人心中有底。准备书面材料时，解释人员还可以对有些内容进行补充和进一步加工，使汇报更加完善。有时，口头解释用的书面材料也可以散发给听众，散发的时间可以在解释之前、之中，也可以在解释之后，解释人员应视具体情况灵活确定。

（3）进行演练

在正式解释之前最好进行解释演练。演练是一种很好的准备过程，不但使解释人员熟悉汇报的内容，而且可以完善汇报的内容、形式。演练一定要看成和正式汇报一样，解释人员可以邀请一些人对演练情况进行评估，也可以利用摄像机、录音机等设备，把演练情况实录下来，仔细进行分析，并给予改进完善。

二、选择调查报告解释教具

（1）选择字板

在解释地点树立一块用粉笔书写的黑板，解释人员在解释过程中随时书写一些重要的、疑难的或数字型的材料，使听众能够直观地了解市场调查报告。这是一种简单易用的辅助手段。此外，磁性板或粘贴板较多地被选用，它们的优点是能快速地把事先准备好的材料吸附或粘贴在板上演示出来，但使用的灵活程度不如黑板。

（2）选择翻板

设计由一定数量组成的，能自如灵活地一页一页翻转的，用特制的支架支撑的硬纸板子。解释人员事先把在解释过程中欲向听众展示的材料写或画在纸上，并按解释的先后顺序排列好。在解释时，解释人员翻转到合适的页面，即可向听众展示相应的辅助材料，这种教具使用方便，效果较好。为了增加听众的印象，解释人员可以在某些地方做一些彩色的记号，也可以在解释某些问题时，让翻板出现空白的纸页，便于听众将注意力集中于解释者，也给解释人员以发挥的机会。

（3）选择投影仪

解释人员利用投影仪把预先准备好的画面，在解释报告时适时的在屏幕或墙上显示出来。所准备投影的内容可以是文字、图表，也可以是复杂的画面。此外，讲演者可以即时地把所要显示的内容在投影用的塑料片上写下即时显示出来，它比用粉笔在黑板上写要方便得多。

随着科技的发展，某些投影软片的内容可以用专门的计算机软件制作。目前，彩色的投影软片也能制作，制作的方法日趋先进和方便。而实物投影器的问世和广泛使用，将使投影变得更为方便。

（4）选择幻灯

解释人员把需要在解释时向听众展示的有关内容制作成幻灯片，具有较好的效果。其不足之处是制作过程相对复杂一些，且不能在解释的同时像投影仪那样当场写下并投影出来。

（5）选择录放设备

摄录和放像设备的逐渐普及，使录放设备开始成为重要的直观教具。这种方法比幻灯片又大大前进了一步，效果更好。

随着科学技术的发展，多媒体技术将越来越普及，计算机的使用越来越广泛，采用多媒体辅助解释被广泛地应用，其使用效果将更好。

阅读资料　　　　　　　**解释市场调查报告的意义**

市场调查项目要求市场调查者对其结果进行解释。解释可以起到辅助书面报告的作用，帮助客户加深理解书面报告的内容，解释某些无法用书面语言阐述清楚的内容，回答客户心中的疑虑以及阅读书面报告后仍存在的问题。对某些仅采取口头报告形式作为调查与预测结果的情况，口头报告是否有效就决定了整个项目的效果。不管在任何形式下，解释均起着十分重要的作用，不能被低估。尤其是许多作为管理人员的客户，他们主要是根据在听取解释的过程中所获得的信息做出决策。所以，专业调查公司必须对解释报告给予充分的重视。在西方发达国家，人们开展市场调查，项目的委托方和受托方都十分重视对项目结果的解释，这值得中国同行的借鉴。

三、解释报告的注意事项

（1）选择解释现场

解释人要注意对解释现场的选择、布置。现场的大小应与出席人数相适应，过大或过小的场所均不利于取得良好的效果。现场的空气、温度、光线都应精心布置。解释人的位置、听众的位置也应布置得当。

（2）注意与听众的交流互动

解释人要注意在做解释时，切不可照本宣读、埋头读稿。解释人的眼睛要始终保持与听众的接触和交流。要学会抓住听众的注意力，语言要生动，注意声调、语速、停顿等技巧的应用，还应该允许听众提问。

（3）合理运用肢体语言

解释人要注意表情和肢体语言的使用。表情要丰富，要富有变化。要恰当地应用各种肢

扫一扫

市场走访报告

体语言来配合口头的解释，使听众既能更好地理解有关信息，又能使解释生动有趣。

（4）注意结尾的完美

为了取得良好的效果，解释人要注意有一个强有力的结尾。此外，客户单位高层领导亲自到场，以显示解释的重要性，也对解释效果有较大益处。

四、解释报告的负面结果

（1）解释人不能回避负面的市场调查结果。作为市场调查人员，职业道德告诉我们，告诉客户事实真相是一个专业调查人员的职责。这是真正对客户负责，是对客户最好的支持。如果隐瞒那些负面结果或避重就轻，调查人员就未真正履行职责，同时，也会给客户带来误导。

（2）立场保持客观中立。解释人尽力表明解释内容与个人不相关。要强调作为市场调查人员和汇报解释者，你不是批评家，也不是"法官"，你仅仅是在客观地汇报市场调查结果。

（3）列举正面事实。只要有可能，解释人在解释汇报时，也应列举一些正面的事实，避免使报告成为完全的负面报告。

（4）提出预防措施。解释人应强调指出应采取哪些措施和对策，来预防或减弱那些可能出现的问题。

阅读资料　　　　　　　外国调查专业机构如何解释报告

国外调查公司解释报告有两个原则：一个是"Tell'Em"原则（Tell'Em principle），其英文的表述是："①tell'em what you're going to tell'em，②tell'em，③tell'em what you've told'em"这一原则主要是用于有效安排口头介绍的内容结构，其字面意思是：①告诉他们你所准备告诉他们的东西，②告诉他们，③把你已经告诉他们的告诉他们。另一个是"KISS"原则（KISS principle），其英文的表述是："keep it simple and straight forward."其字面意思是保持简洁、直接、明确、易懂。这一原则适用于任何一个市场调查的解释。

4.1.2　自我评价调查报告

市场调查是一项专业性很强的工作，是一项与调查人员的创造性、直觉和专长密切相关的工作。因此，每一项市场调查都是一个很好的学习机会，市场调查人员应该及时总结整个活动以增长见识，进一步去了解计划是否被有效执行了，这个问题毫无疑问会引出许多具体问题。

一、自我过程性评价

对市场调查过程的评价，除由用户进行外，也可以由市场调查者本身进行。专业市场调查公司对调查过程的评价体现在对工作过程的复核上，一般通过提出一系列的问题并将这些问题设计成表格，实现项目小组负责人、项目负责人和业务经理的三级复核。

扫一扫

调查自我评价表

实务借鉴　　　　　　　　自我评价样表

调查结果评价表和调查项目评价表分别如表4-1和表4-2所示。

表4-1　　　　　　　　　　　　调查结果评价表

项目名称：　　　　　　　　　　　　　　　　　　　　　年　月　日

委托单位：

序号	项目评价	问题
1	项目总体印象	1. 这一项目能否实施得更有效 2. 整个调查项目是否在预先规定的时间和预算内完成 3. 整个项目的实施过程中还存在哪些问题
2	项目准备	1. 对调查问题界定能否做得更好，以使项目实施结果对用户更有利，或者能降低成本 2. 能否采用更为有效的方法 3. 市场调查设计是否是最优的
3	调查组织与实施	1. 资料搜集的方式是否有效 2. 询问调查的方式是否是最合适的 3. 所用的样本规划是否是最适宜的
4	调查过程控制	1. 调查中各种可能产生的偏差和问题是否能够预见到并采取相应的控制措施 2. 如果对某些可能出现的误差没能有效控制，是否能加以回避 3. 是否对那些直接在现场从事资料收集的人员进行了选择、培训、督导，以提高资料收集工作的质量
5	项目报告形成	1. 资料的分析、处理技术是否有效地保证产生资料能为营销决策所用 2. 各种结论和建议是否对用户适用 3. 调查报告是否得到合理的编写和解释

表4-2　　　　　　　　　　　　调查项目评价表

项目名称：　　　　　　　　　　　　　　　　　　　　　年　月　日

委托单位：

序号	项目评价	问题
1	项目组织与实施	1. 资料搜集的方式是否有效 2. 询问调查的方式是否是最合适的 3. 所用的样本规划是否是最合适的

二、评价调查报告

（1）评价报告由来和背景

报告中应该写明项目提出的由来和理由、项目的提出者和委托者、项目的承担者等。评价这一部分时，应注意主要问题有以下几方面。

- 报告是否描述清楚项目的提出者和委托者？
- 报告是否描述清楚项目的目的和应该完成的任务？
- 报告是否对项目的承担者作了清楚的描述？

（2）评价报告中市场调查设计

报告中应清楚地描述市场调查的规划和所用的方法、市场调查的对象和样本、市场调查的分析技术等。这些设计内容应该是与调查目标相适应的。评价这一部分应注意的主要问题有以下几个方面。

- 报告是否有一个完整的、描述清楚的调查设计？
- 调查设计是否与市场调查项目的目的相一致？
- 调查设计中是否存在会导致产生偏差的地方？
- 是否存在为了迎合赞助人而产生偏差的地方？
- 调查设计是否已对那些可能影响市场调查结果的各种外部因素进行控制？
- 被调查对象能否准确地回答调查设计所提出的有关问题？
- 调查设计中是否对该市场调查项目的市场调查对象作了精确的描述？
- 设计的调查样本结构是否能有效地代表该项目的市场调查对象？
- 调查报告是否具体阐明了所用样本的类别及样本选择的方法？
- 市场调查报告是否具体描述了数据分析的方法？
- 报告的附件是否已经包括了调查询问表、现场调查指导、抽样指导及其他一些能反映市场调查设计和实施过程的材料？

（3）评价市场调查过程的实施

评价这部分内容的主要是看各种信息是否由合格的人员，运用与市场调查目的相适应的、合适的方法，仔细地收集汇总。

评价这一部分应注意以下主要问题。

- 市场调查报告是否清楚地描述了资料收集过程？是否包括了"质量控制"过程？
- 市场调查报告是否详细地说明了直接从中收集资料的样本部分？
- 具体的调查人员在收集资料的过程中是否采取措施，尽量降低可能发生的偏差？

（4）评价市场调查报告的可靠性和适用性

评价报告的可靠性要看样本规模是否已在报告中做出解释，而且样本规模是否足够大，以便使收集的资料具有可靠性。可提的问题有以下几个方面。

- 样本规模是否足够大到使所收集的资料具有较高的代表性和可靠性？
- 是否对选样中可能产生的偏差加以限制？
- 抽样过程中的误差是否得到说明？

扫一扫

评价调查报告

- 对主要的市场调查结果，其报告中所列的误差允许值是否直接基于市场调查所得的数据分析？

评价报告的适用性主要看市场调查报告是否明确指明研究结果的使用范围。可提出的主要问题有以下内容。

- 市场调查报告是否明确说明资料的收集时间？
- 市场调查报告是否明确说明除了那些直接的资料，市场调查结果是否可供应用？
- 市场调查报告所提供的资料中，是否说明了有些对象未被充分代表？
- 如果市场调查结果的使用有所限制，那么在报告中是否做了明确说明，或者什么事情，在什么时候、在什么条件下可供使用？

（5）评价解释和结论

评价这部分内容主要看调查报告中所涉及的所有假设、判断、结论、建议等是否做到了明确说明。评价这一部分时，应该注意以下主要问题。

- 市场调查报告中所包含的内容，是否采用简单明确、直接的语言给予说明？
- 报告中使用的测量方法是否合理？
- 是否把市场调查所得的各种真实资料同那些基于这些资料所做的解释给予公开与公正说明？
- 在分析某些事物产生的原因和预测发展趋势时，是否严格按照事实根据，客观公正地进行？

（6）评价报告的公正性

评价市场调查报告的公正性主要看报告是否对市场调查过程和结果进行诚实、公开、完整的叙述。应该注意以下主要问题。

- 调查报告是否对市场调查的过程做了充分、直率的描述？
- 所有的相关资料或结果是否都得到了反映？

三、完善市场调查结果

通过对市场调查过程与结论的评价，调查人员要注意反馈回来的信息。这种反馈应该是多方面的和多向的：不仅要反馈成绩，而且要反馈存在的问题；不仅要反馈市场调查实施过程中的情况，而且要反馈结果出来后的情况；不仅要反馈总体的情况，而且要反馈各局部的情况。

（1）接受企业的反馈

作为专业调查公司，当我们向客户解释了调查结果后，市场开发部与项目负责人应该一起倾听收集客户的反馈意见，由项目负责人进行汇总整理后，把用户的意见反馈给项目的具体实施者。通过对项目结果的评价和反馈，使调查本身得到完善，也使整个市场调查工作变得动态优化。

（2）将自评结果反馈给调查结果使用者

作为客户的企业，对调查结果的反馈会传达给调查公司内调查项目的具体实施者，而作为市场调查公司，也应该由项目执行者把有关情况反馈给使用者。通过反馈，一方面使有关各方对彼此的情况加深了解，互相之间加深理解和友谊，另一方面也使调查者增加知识和经验，十分有益于委托企业更好地应用调查结论，为做好经营决策、指导经营活动提供条件。

阅读资料　　　　　　　为什么要对市场调查结果使用者进行指导

市场调查报告编写和解释工作的完成，并不意味着市场调查过程的结束和调查任务的最终完成。实际上，对市场调查结果使用者进行指导，是市场调查过程的一个有机组成部分，也是市场调查人员的一项任务。

首先，因为市场调查本身只是一种手段，而不是目的，其真正的目的是通过调查，获取足够的信息资料，为正确的经营决策提供依据。所以，仅仅得到市场调查结果，并未实现其目的。只有当使用者以市场调查结果为依据，指导其经营决策和经营业务，才能达到其目的。为此，调查者需要进一步指导使用者运用市场调查的结果。

其次，因为市场调查人员的帮助指导，对调查报告使用者来说是必要的。市场调查报告所反映的情况总是有一定的局限性。市场调查结果的使用者对市场调查报告的理解也有一定的局限性。为此，市场调查人员对市场调查报告的使用者给予指导，能够进一步向使用者传递报告中未能反映出的信息，帮助使用者更好地了解有关情况。这种指导能大大提高调查结果的使用效果。

再次，对市场调查报告的使用者给予指导是市场调查承担者应负的职责。如同物质产品的生产经营者只对自己生产经营的产品，进行售后服务一样，市场调查者也应对自己的产品——市场调查报告在提交给使用者以后，继续提供服务。

最后，因为市场调查承担者对市场调查报告的使用者的指导，也是评价市场调查结果的有效途径。使用者通过使用，对市场调查结果的评价往往具有更强的客观性和全面性。市场调查人员通过指导使用者的使用，可以随时与使用者沟通，听取其意见，对市场调查结果做出评价，能够发现问题，及时采取补救措施。这对市场调查者和使用者双方都是有益的。

4.1.3　检查报告可行性

调查报告呈送后，受委托方的工作并没有结束，受委托方还承担另一项后续工作，即检验针对企业管理决策问题，调查成果是否是可行的、有效的。可行性主要指可操作性。现在越来越多的调查委托方将它们的调查费用分阶段支付给调查机构，而不是一次付清费用。所以，即便是接受了调查报告书，它们还是要求调查机构验证调查结果是否在管理决策支持系统中起到了积极的促进作用，以证明该调查产品对企业真正的有用。

一、评价第二手资料

（1）鉴定资料的时效性

第二手资料作为一种历史资料，其时间性在很大程度上影响和决定着资料的价值。如果一项市场调查项目是研究 2012 年消费者对某产品的需求状况，而资料显示，消费者对该产品的需求变化在 2012 年以前的若干年中变化很大，那么，第二手资料的时间区段应尽可能接近 2011 年。越是接近 2011 年的第二手资料，价值越高。所提供的第二手资料如果都是 2005 年以前的，显然其价值不高。

（2）鉴定第二手资料的来源

第二手资料的来源很多，有的具有很高的可信度，有的可信度则较差。由于第二手资料的来源在较大程度上反映了资料的质量，因此有必要对其来源进行鉴别。是谁最初收集了这些资料？当初收集这些资料的目的是什么？这些资料出现在何种出版物上？这些问题应该引起调查人员的注意。

（3）鉴定各种主要术语的含义

第二手资料中的各种术语的确切含义必须鉴别清楚。要切实搞清楚术语是否使用的正确，对其内涵和外延是否真正的理解。例如，某资料中把某类生活消费品分类为高档品、中档品、中低档品、低档品，这些术语的含义不是很清楚。究竟什么是高档品？什么是低档品？没有一个确切的标准，人们对此可以有不同的理解。因此与这些术语相关的第二手资料其质量就会打折扣。

（4）鉴定各种在收集第二手资料中所用的技术

第二手资料的收集技术有许多。不同类型、不同场合所采用的收集技术有所不同。对收集技术的选择是否合适，以及在具体使用时是否恰当，都会影响所收集的第二手资料的质量。为此，需要鉴定项目在实施过程中所用的第二手资料的收集技术是否恰当。

二、评价收集第一手资料所用的技术

（1）评价一般调查技术的适用性。

如果准备采用的技术是调查技术，调查人员应进一步明确究竟哪一种调查技术将被采用：是电话询问调查、邮寄问卷调查还是人员访谈调查。由于预算状况将在很大程度上影响到调查技术的选择，所以，调查人员应该了解各种调查技术的长处和不足，了解各自的适用范围。例如，电话询问调查尽管不受地域的限制，但受到通信条件的限制；人员访谈调查收集的信息具有较高的可信度，但调查范围有限且费用较高。这些因素将对选择调查技术提供依据。同时调查人员应该对调查用的问卷和调查表进行审核，对其内容进行评价。

（2）评价观察过程的可控制性

如果采用的是观察方法，调查人员对其评价应包括观察调查法的整个过程，如对实施观察调查的人员的培训，观察实际进行的环境，观察是否具体、深入，观察人员是否具有敏锐的观察力、良好的记忆力、判断力和丰富的经验等。

（3）评价实验的有效性

如果调查人员采用的是实验法，对其评价更应小心谨慎，尤其要评判其有效性。例如，实验是在实验室中进行的，要注意评判其在现实世界中是否同样有效；如果实验是在现场进行的，要注意是否对其他非实验的变量进行了有效的控制；如果实验是在选择的控制小组中进行的，则要注意这些小组是否与其他非实验小组相似。

三、评价抽样过程

（1）评价样本结构

评价样本结构即评价所采用的样本结构是否有广泛的代表意义，样本结构中所包含的样本是否是最合适的个体等。例如，某公司对其生产的女性化妆品在报纸上做广告，为了掌握广告的效果，需要对报纸广告的受众进行调查。在这项调查中，调查人员究竟是把报纸的所有读者均作为调查样本合适呢？还是仅把读者中那些女性作为调查样本更为合适呢？这是需要慎重研究的。

（2）评价选择具体样本个体的过程

对具体从事调查的人员而言，一般倾向于在小范围内或在容易抵达的范围内选取具体的样本个体，同时应用任意选择法。因为这种选择法便于操作，成本低。作为用户则应对市场调查者采用的选样过程进行评价，看其是否合理，是否符合要求。

（3）评价抽样过程的组织控制

在项目实施时，受托方只有切实加强抽样调查工作的组织领导，才能保证调查工作的质量。在整个项目的操作过程中，受托方是否组织了专门的人才、选用具备科学的态度或经过严格培训的人员承担抽样调查工作，是否进行规范的抽样，是否严格按照所选用的抽样方法的要求进行了操作等，都是判断整个抽样工作科学合理的重要依据。

四、检查调查者是否存在过错

在检查调查的可行性时，受托方要注意核查市场调查人员经常可能犯的一些错误，采取预防或补救措施，使调查结果更加客观、科学。

（1）市场调查过程中所使用的假设或前提是否符合调查实际

这是经常出现的问题。在市场调查过程中，调查人员经常需要做出假设，而有关事实或结论总是基于一定的前提条件。一些市场调查人员由于本身的知识、能力或作风，往往愿意根据自己的想法作出假设，提出前提条件，或者乐于做出理想化的设想。但事实结果与他们的设想大相径庭，所假设的前提条件也与事实状况有较大的偏差。可以肯定，在这种情况下得出的结论，很难令人信服。

（2）选用的市场调查对象是否具有较强代表性

选用的调查对象没有代表性，说明是选错了市场调查对象。选用的调查对象代表性不强，表明选择不是很恰当，也就是还有更好、更合适的对象可以选用。例如，要测试一种羽绒保暖产品在市场上受消费者的接受和喜爱程度，结果选择的测试对象是终年处于热带气候地区的消费者，显然，所选择的调查对象缺乏代表性。如果选用的调查对象没有代表性，调查结果基本上就不能使用。如果选用的调查对象代表性不强，其调查结果的准确性和完整性也会受到影响。

（3）在市场调查时是否综合考虑了众多因素

事物的联系一般都十分复杂，事物的发展变化既受到多种因素的影响，同时又会影响到多种事物的发展变化。作为市场调查人员，在分析研究时应该认识到事物的复杂性，运用系统思想和辩证思维，综合考虑各种因素。只有这样，才能达到准确地认识客观世界，做出准确的调查与预测的结果。反之，如果由于思想认识的问题，或者是缺乏必要的分析研究技术，只看到或只注意到影响事物发展变化的某些因素，忽略了其他因素，必然导致调查结果片面性的出现，从而使市场调查结果失去准确性和科学性。

（4）市场调查人员的兴趣、倾向是否对市场调查活动构成重大影响。

每个人都会有个人的好恶、兴趣、倾向，而且每个人都会有自己对客观世界的评价标准，这本是无可非议的。但是，作为一个市场调查人员，在开展市场调查工作时，必须客观、公正地分析和研究客观事物，不能带有个人感情色彩，更不能以个人的标准替代项目应遵循的标准。但是实际上常会有一些市场调查人员，或多或少地把个人的观点、标准，甚至情感带到市场调查活动中，其结果必然会削弱调查结果的客观性与公正性。

（5）是否存在过分强调节省调查费用的倾向

在许多条件下舍远求近、舍难求易无可厚非，甚至应该提倡。但作为承担市场调查任务的人员，如果忽视了项目的要求，过多地从自身的条件和利益出发，不适当地舍远求近、舍难求易，过分地强调本身费用开支的节省，则会产生背离项目的要求，影响市场调查结果准确性的不良后果。例如，有些人在对数量化的数据资料进行处理分析时，喜欢使用"平均数"。显然，平均数是一种简单快捷的概括分析手段，在许多情况下也能够使用。但是，调查人员如果不管条件，不问实际情况，一味地、过分地使用平均数，忽视分布规则和个量之间的差异，平均数会失去其应有的价值。

（6）是否存在不适当地迎合客户的心理

满足客户的要求是市场调查项目承担者应遵循的原则。但是，市场调查人员不适当地迎合客户的心理，则与满足客户要求原则的宗旨背道而驰。例如，为迎合客户的心理，市场调查人员对市场调查结果报喜不报忧。又如，市场调查人员不顾客观事实，使市场调查结果符合用户希望出现的结果等。这些做法最终既害了客户，又害了自己。

阅读资料　　　　你是否向客户提供了过多的资料

市场调查人员中，存在着一种向用户提供过多资料的倾向。他们想以他们为用户所工作的数量来给予用户深刻的印象。为此，他们总是竭力把自己在调查活动中所收集到的所有信息资料提供给用户。无疑，一般情况下，调查人员向用户提供充分的资料是非常有必要的，这样有利于客户全面掌握市场状况。但是，如果向客户提供过多的资料，其包含一些价值不高或毫无价值的资料，就违背了市场调查工作的适用性原则。对客户来讲，过多的资料会影响其对市场的把握，甚至起到了干扰作用，也会浪费客户过多的时间和精力。有些调查人员提供的资料，还存在着使用不规范的、晦涩的语言文字，或过多地解释冗杂难懂的、技术性很强的资料分析过程，这些都是应加以避免的。

实训 1

调查结果沟通

实训目的： 总结评价调查结果，培养学生与客户沟通调查结果的能力。

实训要求：

1. 划分学习小组，模拟一项调查活动。
2. 假定学校要做一次教师教学质量教学效果评价。
3. 制作问卷进行调查。
4. 分析调查结果撰写报告后，总结评价调查结果。
5. 各组展示，教师当场讲评。

任务 4.2 | 沟通展示调查成果

任务提示

市场调查成果沟通是指市场调查人员同委托者、使用者及其他人员之间就市场调查结果的一种信息交换活动。其意义在于市场调查报告的沟通是调查结果实际应用的前提条件，有利于委托者及使用者更好地接受相关信息，做出正确的营销决策，发挥调研结果的效果，有利于市场调查结果的进一步完善。

知识链接 　　　　　　　**市场调查成果沟通的意义**

市场调查报告的形成并非市场调查项目的结束。尽管市场调查过程的正确组织和实施是市场调查项目成功的基础，高质量的市场调查报告的形成是市场调查项目成功的重要方面，但对市场调查结果的沟通其重要意义也绝对不能低估。

第一，市场调查报告及其沟通是市场调查结果实际应用的前提条件。市场调查本身不是目的，而只是一种手段，其目的是为企业的经营活动提供依据。不形成完整的市场调查报告，市场调查活动的结果就无从体现。同样，即使市场调查过程组织得很完美，市场调查报告做的也很好，收集的各项资料很精确、有用，但受托方如果不能有效沟通，那些潜在的使用者就无法应用调查的结果，市场调查的目的也就无法实现。

第二，市场调查结果的沟通有利于市场调查结果阅读者和使用者更好地接受有关信息。市场调查结果的沟通过程，也是市场调查者对调查结果使用者的指导过程。对市场调查报告的沟通可以使阅读者、使用者能够更全面、更正确地了解市场调查的结果，使阅读者和使用者做出正确的营销决策，更好地发挥市场调查效用。

第三，市场调查结果的沟通有利于扩大市场调查结果的使用范围，使调查结果为更多的阅读者或使用者所了解，从而发挥其更大的效用。

第四，市场调查结果的沟通有利于市场调查者水平和能力的提高，也有利于市场调查结果的进一步完善。市场调查结果的沟通是一个双向的过程，在沟通的过程中，市场调查者可以从接受者处了解有关的信息、意见，从而可以对整个项目，尤其是市场调查报告进行总结和提高。

4.2.1　策划调查报告展示方式

一、以书面形式提交

调查人员将定稿后的调查报告打印为正式的文稿，而且要求对报告中所使用的字体、字号、颜色、字间距等进行设置。文章的编排要求大方、美观，有助于阅读。另外，报告应该使用质地较好的纸张打印、装订，封面应选择专门的封面用纸，封面上的字体大小、空白位置应精心设计。

扫一扫
中国 iPhone 用户
使用调查报告

如果市场调查项目是由客户委托的，则往往会在报告的目录前面附上提交信（即一封致客户的提交函）和委托书（即在项目正式开始之前客户写给调查者的委托函）。提交信的内容是概述调查者承担并实施项目的大致过程和体会（但不提及调查的结果），也可确认委托方未来需要采用的行动（如需要注意的问题或需要进一步作的调查工作等），有时提交信还会说明委托情况。

二、以口头方式提交

口头报告是一种直接的沟通方式，它更能突出强调市场调查的结论，使相关人员对市场调查的主题意义、论证过程有一个清晰的认识。口头报告的优点有三个：一是时间短，见效快，节省决策者的时间与精力；二是听取者对报告的印象深刻；三是口头汇报后可以直接进行沟通和交流，提出疑问，并做出解答等。事实上，对于一项重要的市场调查报告，口头报告是唯一的一种交流途径，它可以帮助调研组织者达到多重目的。

绝大多数市场调查项目在准备和递交书面报告之前或之后都要做口头陈述，它可以简化为在使用者组织的地点与经理人员进行的一次简短会议，也可以正式到向董事会做报告。

有效的口头陈述应以听众为中心，充分了解听众的身份、兴趣爱好、教育背景和时间等信息，精心安排口头陈述的内容，将其写成书面的形式，也可以使用各种综合说明情况的图表协助表达；陈述者可以借助投影仪、幻灯片或大型图片等辅助器材，尽可能"直观地"向全体目标听众进行传达，以求取得良好的效果。如有可能，应从市场调查人员当中抽选数人同时进行传达，每个人可根据不同的重点轮流发言，避免重复和单调。而且，还应该留出适当的时间，让听众有机会提出问题。

三、使用演示软件制作市场调查报告

为寻求更有效的沟通调查结果方式，市场调查人员纷纷使用演示软件。微软公司的 PowerPoint 软件在市场上处于支配地位，因为这种软件可方便分析人员进行下述工作。

（1）多种字体和字号创建项目图表，并且可以进行字体加粗、变斜体、添加下划线。

（2）创建出多种不同类型的、可用于展示特定调查发现的图形（饼状图、柱形图、线形图等），而且只需单击鼠标就可以对这些图形进行修改和测试。

（3）在演示及切换幻灯片时，有多种动画效果，还可以在幻灯片中插入声音、视频（项目组分析的现场录像）。

事实上，使用图表展示信息比用文字显得更有效、更有说服力，而且调查委托方一般都指明报告应以图表为基础，要求尽量少地使用文字。

阅读资料　　　　　怎样指导调查结果使用者

在市场调查的承担者和使用者为同一单位的情况下，双方的关系比较密切，市场调查的承担者对使用者的指导较为容易。调查者和使用者之间协调、沟通可能仅仅涉及部门之间的关系，在时间、空间等各方面的障碍较少，这样就可以采用较为灵活的指导方式。

如果市场调查的承担者和使用者不在同一单位，情况要复杂得多。由于在时间、空间上的障碍，会给双方的沟通增加难度，双方的关系也会因为商业原因而疏远，容易产生沟通的障碍。为此，承担者要做好对使用者的指导，需要注意以下几点。首先，市场调查的承担者要有为客户服务的观念，积极努力地为使用者提供方便；使用者也要积极与承担者协调配合。双方要相互支持，相互谅解，建立起亲密的合作伙伴关系。其次，要有具体的行之有效的措施。比如，项目承担方要落实专人负责对使用方指导帮助的制度。在指导帮助的时间、方式等方面要有具体的规定。最后，项目承担方对使用者具体的指导要在项目委托协议或合同条款中给予明确的规定。它有利于使调研工作规范化，避免不必要的矛盾和产生负面的效果。

4.2.2　策划与组织市场调查报告会

一、市场调查报告会的工作过程

（1）分析听众

市场调查报告会应该适合听众的需求特点。因此，报告人应该首先了解听众的背景、兴趣、在项目中充当的角色和本身的影响程度。

扫一扫

市场调查报告
的完善

（2）构思流程

一个高质量的市场调查报告会，需要报告人有精心充分的准备。应该遵循书面报告的形式，报告人准备一个提纲和详细的梗概，按照报告的程序，将整个过程划分成几个板块，每个板块再列出具体步骤。

（3）制作演示文稿

将报告内容以演示文稿的形式表示出来。演示文稿因其良好的视觉效果能给人以专业化的印象。演示文稿是对报告内容的高度总结和概括，应该突出重点、彰显特点、突破难点。

（4）反复演练

市场调查报告会在某种程度上类似于演戏，可看成是"制作性的演出"。要想取得好的效果，报告人必须反复演练，做模拟报告。只有这样才能不断发现问题并进行修正，使报告内容更加凝练，条理更加清晰。同时，模拟报告也能增加演讲者的自信，在现场报告时不怯场，使报告人更容易表述报告内容，加强与听众的互动，提高报告的质量。

二、市场调查报告会的报告技巧

（1）挑选布置会场

首先，报告方应该组织相关部门和人员确定报告场地，对所需要的设备做认真的准备和检查。由于每一种会议都有其举办的特定的理由、目的与期望，因此在确定报告场所前要先了解清楚此次报告的目的，考虑会场的大小。例如，会场坐席数目是否合适，会议室布局是否合理，能否让参会人员都能毫不费力地看到讲话人员，会场设置能否让与会人员轻松方便地在会场里自由移动等。

最重要的是要考虑会场设施是否符合要求，包括投影屏幕、照明灯、音响、空调、桌椅安排等。一般来说，为配合报告效果，要求投影屏幕要具有相应的大小（一般为 3m×3m）。如果场地过大，应使用尺寸更大的屏幕，以保证现场讲座时听众的视觉效果达到最佳。屏幕的悬挂要处于背光区，屏幕与投影中间必须无障碍。灯光音响要事先调好，以配合口头报告的效果。在进行陈述时灯光要暗，要保持场内安静，使参会人员的注意力集中到屏幕上。

（2）语言表述到位

市场调查报告会需要生动地描述所要传达的信息，让听众能够理解且对其感兴趣。语言要浅显易懂，叙述应简洁有力。报告人尽量避免使用调查行话，而应该使用剪短而熟悉的词语，平实、通俗，使听者易于理解，"口头语"应杜绝。在做报告时，报告人不要说太多客套的废话，或做过多与主题无关的解释，务必让听众在最短的时间内知道你所要表达的重点意图。一般的规律是，听众在3分钟之内就会对口头报告内容下判断，此时如果还无法吸引听众，则说明报告人在叙述技巧和报告内容准备上还存在改进的空间。

成功的报告人一般都在下面几点做得较好：①着装得体；②准备充分，尤其是对开场白和结束语的准备；③控制时间进度，结论和建议部分都留出足够时间；④微笑自信，与听众有目光交流，鼓励听众参与；⑤控制不必要的肢体动作；⑥语速合理、音调适中、措辞准确、无口头语。

（3）注重互动与沟通

只有报告人自己的表情丰富、感情投入，才能带动听众深入其中理解和接受报告的内容。报告人一开始表情要积极、自信，有时稍微停顿一下可以有效地吸引听众的注意。报告过程中报告人应该站着说话且与听众保持良好的眼神接触。关注听众的回馈，促使听众对你的报告产生信任，并激励他们参与。报告人可在报告的过程中穿插一些问题与听众进行沟通，也可以鼓励听众将自己的意见写在纸上传递至报告人进行现场回答，还可以在幻灯片演示结束后，专门进行答辩和讨论。报告人要善于运用肢体语言，并运用各种手段活跃气氛，创造一种听众更容易接受并乐意参与进来的氛围。

（4）提供书面材料

有的市场调查报告会一开始就送上全体计划书，这样往往使听众埋头苦读，而不理会报告人。所以，提供书面数据应该是"适当"的而非全部。报告人一般提供给听众一份口头报告的演示幻灯片复印件，报告流程和主要结论的摘要。需要强调的是，报告人提供的数据中不应该出现统计数据和图表，且书面数据应装订简洁，方便听众翻阅和批注记录。

（5）多媒体交叉使用

① 幻灯片。将口头报告的主要内容利用 PPT 制成演示文稿是近年比较常用的做法。制作时，可有以下技巧。

第一，尽量遵守"诺亚法则"，即幻灯片上的字数不要超过 40 个，一个数字也算一个字。40 是最大的上限，20 是很好的平均数，低于 10 更好。如果字数少，可将字体放大或采用艺术字形。

第二，按照"总—分—总"的顺序组织幻灯片，即首先告诉听众报告的内容和思路，然后分别进行讲述，最后进行总结。

第三，采用高雅明快的颜色和图像设计，避免过于浮华。

第四，标题采用简洁的短语，而非完整的句子。

第五，背景与文字的颜色反差尽量大些，这样易于阅读。

第六，可以将公司的图标等放在母版上，以作点缀。

② 录音、录像。报告人在口头报告过程中，插入必要的录音和录像，会增强报告效果，增加说服力。

③ 实物投影。报告人现场通过实物投影可以放大图形、表格、文件等数据，以及报告中需要展示的物品，直观形象。

④ 白板、黑板。报告人有时在现场用笔在白板或者黑板上讲解，更有助于听众理解解决问题的思路和过程，效果更直接。

阅读资料　　　　提交市场调查报告的注意要点和误区

调查人员提交营销调研报告应注意以下要点。

要点一，切勿忘记调研目标。在实践中，很多调研人员为了让调研报告看起来丰富、让人信任，费尽心思堆砌了各种各样的调研资料，往往忘记了调研的目标是什么，要解决的营销问题是什么。这些与调研目标无关的资料得出的结论和建议是毫无参考价值的。

要点二，书面调查报告应该由一定的文字、表格和各种统计图等结合起来表示不同的数据。

要点三，市场调查报告的目的是为营销服务，解决实际问题。撰写者不但要懂研究，更要懂营销。只有这样的报告才能真正务实，为企业解决问题。

要点四，不要误导调查报告的使用者。

要点五，调查报告不能中看不中用。报告中罗列的一系列数据、复杂漂亮的图表，往往让人赞叹，但也常常使人一头雾水。我们的分析应该更深、更透，更实效，实实在在地给出"中看又中用"的报告。

调查人员提交市场调查报告应避免以下几个误区。

误区一，重视书面调查报告，忽视口头报告。一提到调研报告，很多人认为仅指书面报告，不包括口头陈述。实际上，这是很大的误区。近年来，类似以往 10 000～15 000 字的文字报告正在逐渐消失，营销调研人员书写的文字报告越来越少，而制作的 PPT 口头演示报告却越来越多。

误区二，撰写调查报告与写学术论文差不多。很多人之所以存在这样的认识误区，是因为两者在撰写过程上有相似之处。均是按照提出问题、分析问题、解决问题的思路进行，但实际上，两者的区别在于，撰写内容各有侧重。调查报告强调过程、求全，是对未知的探索；学术论文强调结果、求精，是对已知的整合。另外，调查报告内容丰富，包括调研的整个过程、方法和结果等，较多凭借事实和数据；而学术论文较为简洁精练，主要表达一项研究中最主要、最精彩和最具创新性的内容，带有较多的推理成分。

误区三，篇幅越长，质量越高，可信度越高。这是撰写调查报告经常走入的误区。调查报告质量的好坏，不能以篇幅的长短来定论。塞满众多信息的超长报告，不仅无益于报告质量的提高，反而有可能使调研者陷入众多信息的沼泽中，而忽视报告使用者的信息需求，降低报告的使用价值。

误区四，图表的不恰当运用。经常存在两种情况，一是调研者认为只要用图表把调研结果展示出来就可以了，结果报告成了简单的图表、数字的罗列，缺乏充分必要的解释，导致无法传递有效信息；二是调研者把图表做得过于复杂，希望以此显示他们的精心准备和高超的技术，但事实上，这些图表无法很好地履行它们的使命。

实训 2

进行调查成果展示

实训目的：培养学生市场调查成果展示的能力。

实训要求：

1. 划分学习小组，模拟一项调查活动。

2. 假定学校要做一次 2013 年大学生就业形势调查报告展示。

3. 针对报告制作 PPT 汇报模板，在班级进行调研成果汇报。

4. 各组展示，教师当场讲评。

本项目主要介绍总结评价调查结果的相关知识，包括跟踪市场调查报告、自我评价调查报告、检查报告的可行性、策划调查报告展示方式、策划组织市场调查报告会等方面的内容。

案例分析

一次失败的口头报告

王林是某管理咨询公司的项目经理。他和他的团队经过几个月的努力，终于完成了关于某产品的产品定位和市场细分的调查。在调查过程中，他们收集了大量的人口特征信息、社会经济信息、消费心理信息和消费行为信息。最后，王林执笔团队协作写出了一份几十页的长篇调查报告。

报告紧贴调查主题，逻辑结构清晰，主要论点突出，图表丰富。在调查报告的结论和建议部分，他们提出了几条产品定位的新思路，并且探索了几个可以重点开发的新市场。委托方项目经理仔细阅读了该报告，对王林和他的工作团队的工作评价很好，对调查报告很满意。委托方项目经理考虑到其他管理人员特别是高层管理者可能会因为工作繁忙无暇细读，或者会像对待普通文件一样漫不经心搁置一边不重视，因此，他请王林在周三的公司高层领导会议上做一个可投报告，介绍调查的情况和结果。

王林认为口头报告就是将书面文字以口头表达的形式表述一遍，这样可以使听众免于由于翻阅报告带来的沉闷和枯燥，只需"聆听"即可。于是，他将调查报告的电子文档剪切成小段落，粘贴在一张张的幻灯片上，并在周三下午开会前事先进行演练。由于是自己执笔的东西，他对内容掌握得很熟练，感到很有把握。

会议上，王林流通过演示和讲解将工作过程及发现的问题展现给大家。幻灯片上大量的统计数据和图表真的让与会者体会到他们工作的辛苦及结果的可信。然而不可否认的是，繁琐的资料像催眠剂一样令人昏昏欲睡。时间过了四十分钟，报告刚刚讲述了一半，王林发现有几位管理人员已经睡眼朦胧，项目经理也微蹙眉头、强打精神的倾听。这时，总经理发话了："对不起，打断一下，你们的调查工作很专业，很认真，但我们不需要你堆积这么多枯燥乏味的数据，我只需要知道你们的结论和建议，我们关心的是我们该采取怎样的措施。请明天上班时提交给我一份提要，三五页纸足够。谢谢你，今天咱们到此结束吧。"

王林感觉很委屈，自己经过精心演练和准备的报告，竟然换来这样的结果。同时又感到很茫然，他认为他的口齿清晰、声音洪亮，演讲内容逻辑思路清晰，为什么不能引起众人的兴趣，达不到预期的目的呢？问题出在哪里呢？

根据上述材料，回答以下问题：

1. 你认为该案例中王林做口头报告失败的原因在哪里？

2. 如果你是王林，你将如何改进？

策划《网上购物诚信情况调查》市场调查报告会

背景资料：

一、调查背景

近年来，随着科技的快速发展和时代的快速进步，国际互联网得到迅速的发展和普及。越来越多的人热衷于上网，而这也带动着电子商务的发展。网上购物已经成为了一种消费时尚，但随之而来的是网上购物存在的问题和弊端。为了了解网上购物究竟藏有什么问题和网上购物的诚信情况，我们进行了这次市场调查活动。本次调查旨在更加有效地了解网上消费者对网上购物的态度以及当他们遇到问题时，采取什么方法去解决问题。

二、调查目的

通过对具有上网能力的消费者的调查，我们了解网上购物的诚信情况和所存在的问题，通过解决所存在的问题，使网上购物可以变得越来越方便、顺利，让人们对网上购物越来越信任，让更多的人加入到网上购物的行列中。

三、调查范围和对象

调查范围：北京市。

调查对象：具有上网能力的消费者。

四、调查主要内容

调查内容涉及网上购物的消费者所关心和担心的问题，网上购物所存在的不足之处，以及有关网络营销者所关心的问题。例如，受访者一般在网上购买的商品类型、网上消费金额、网上交易途径。调查了受访者在进行消费时遇到过的问题，以及对网上购物的要求和意愿。

在设计调查问卷时，我们选择了封闭式问题与开放式问题相结合的方式，因此后期整理调查数据时大部分数据整理起来较为简单和容易，同时还会得到一些有新意、有创意的结论。在设计问卷时，我们将被访者的资料放在相关问题之后，这样被访者在做完访问后，容易按惯性思维模式，将个人资料填写完整。

五、调查结果

这次调查采用的是随机调查方式，从被调查者的情况来看，女性接受调查的人数略多，占 64.55%；在愿意接受问卷调查的人中，20 岁以下的人数最多，高达 73.64%，其中学生较多，他们最大的特点是接受新鲜事物的能力比较强，并勇于体验新鲜事物。通过此次市场调查活动，我们可以看到网上购物的需求特点以及网上购物所存在的问题。

（一）网上销售商品呈现多样化需求

消费者对网上销售的商品有多种多样的需求。调查显示，目前消费者上网选购的商品多数集中在服装和书籍方面，这两项就占了绝大部分。网上购物商品选择的人数如图 4-1 所示。特别是化妆品和数码产品诉求也在慢慢上升，这说明互联网正从计算机和信息领域向人们生活逐步渗入。购物人群对商品的价位也是很关注的，对一些大型的商品，如彩电、冰箱在网上的销售，消费者还是有很多的顾虑的，大多数人不放心。

（二）网上购物时选择商品的因素

网上购物与平常购物都是一样的，影响消费者选择某种商品的原因多种多样，在此次调查中，选择质量的人数是最多的，其次是价格，如图 4-2 所示。

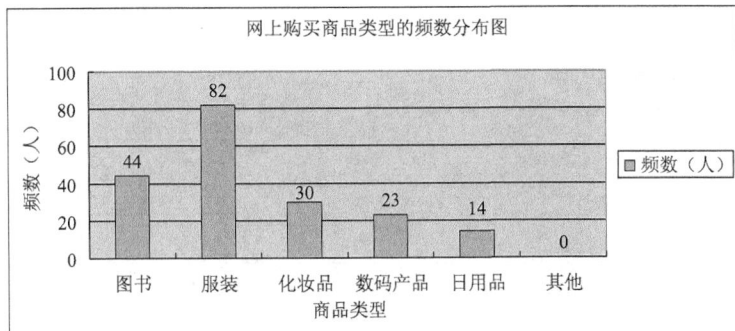

图 4-1　网上购买商品类型的频数分布

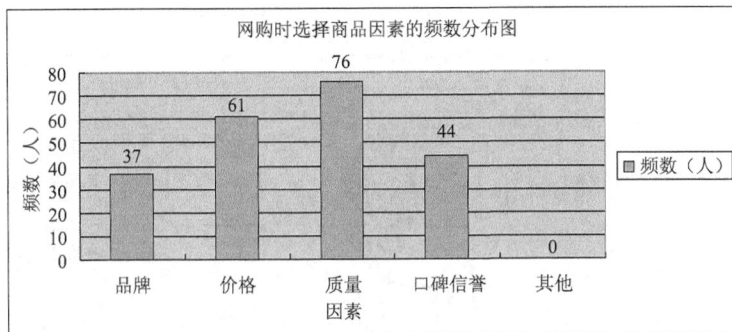

图 4-2　网购时选择商品的因素的频数分布

（三）网上支付已经成为主要方式

随着电子商务的发展，人们一方面对交易支付方式的要求越来越高，交易支付方式也越来越趋向安全化、方便化。调查显示，消费者在网上购物的付款方式中，选择支付宝的人数最多，超过了货到付款，这也说明，网上支付已经成为网上购物的主要付款方式。网上购物付款方式的统计如图 4-3 所示。由于网上支付方式的安全性有了很大的提高，因此网上付款已经被大家所认可和接受。

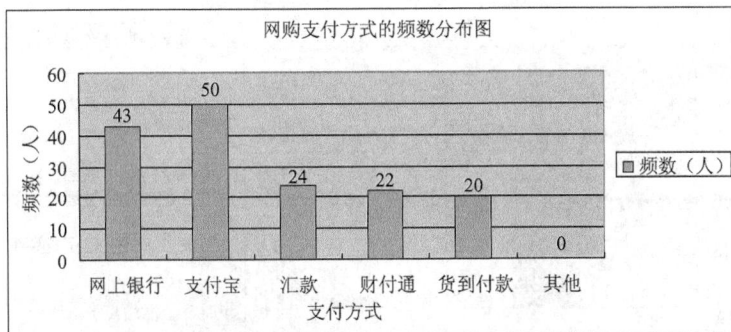

图 4-3　网购支付方式的频数分布

（四）网上购物还是存在很多问题的

调查结果显示，网上购物者有很多都经历过网购失败，多数人对网上购物的满意度是一般，甚至还有人选择了很不满意，统计结果如图 4-4 和图 4-5 所示。

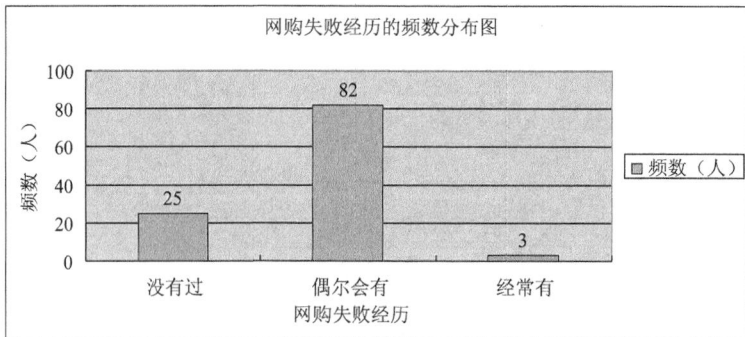

图 4-4　网购失败经历的频数分布

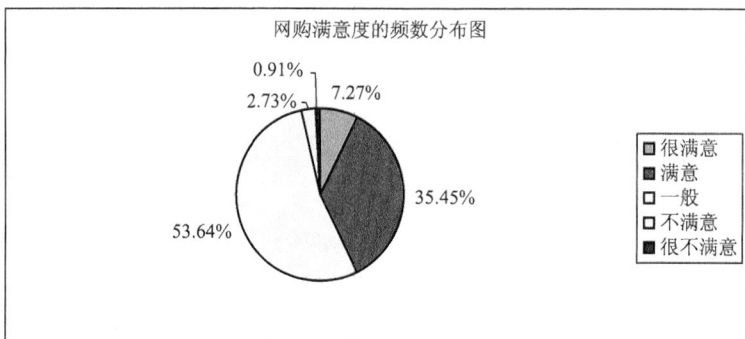

图 4-5　网购满意度的频数分布

（五）网上购物处理问题的方法还不够完善

由图 4-6 可以看出，当消费者在网上购物遇到问题时，多数人都抱着"反正东西也不贵，吃点亏就算了"的态度，也有不少人是"想退换货，但不知渠道或觉得很麻烦，还得自己付运费，所以忍气吞声"。从人们所持的态度中很明显地看出，网上购物处理问题的方法还不够完善，消费者遇到问题时不能及时解决或无法解决，这一点值得商家注意。

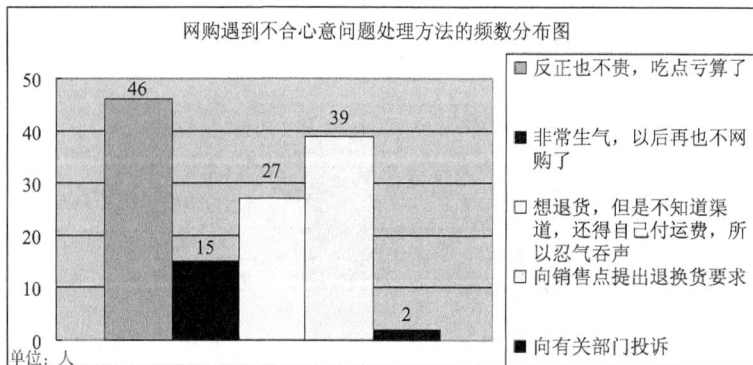

图 4-6　网购不合心意问题的处理

（六）网上购物的未来还是客观的

由图 4-7 可以看出，近年来，电子商务发展迅猛，网上营销正面临挑战。与传统营销相比，网上购物虽然还存在着一些问题，但消费者仍是愿意网上购物。随着相应的法律、法规的健全，我国的网上购物体系一定会越来越完善，越来越适应市场和人们的需求。

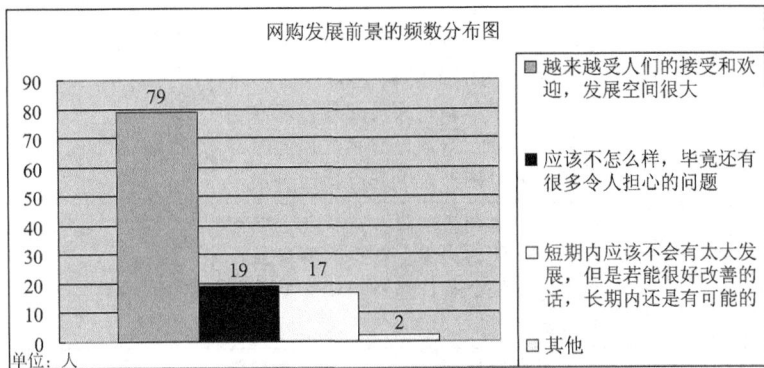

图 4-7　网购发展前景

六、结论与建议

通过此次网上购物诚信情况的市场调查活动，我们收集到了大量的一手信息。经过信息数据的处理与分析，我们得到如下结论和建议。

（1）近年来，随着电子商务的兴起与发展，网上购物的方式越来越被人们接受，网上所销售的商品种类也越来越多，说明消费者对网上购物的认知已经进入了一种新的状态，这将给网上经营者带来巨大的商机。

（2）网上购物仍然存在着一些问题，如消费者担心的交易安全问题；商家在处理问题上有很多欠缺的地方，很多时候造成消费者在遇到问题时，不能及时解决或无法解决。如果问题长期存在，会导致消费者反感网上购物，这是很严重的问题。

（3）网上商家一定要注意自己的诚信，网上店铺作为网上销售的渠道，必须站在消费者的角度，满足消费者的需求，给消费者提供良好的服务与保证，让网络消费者在网上购物时做到真正的满意、放心，只有这样，网络经营者才能占领网上销售市场，获得较好的收益，真正做到双赢。

训练要求：

（1）对班级学生进行分组，每组 5 人左右，以小组为单位实施训练，每组确定一位组长，负责沟通与协调。小组之间既分工又协作，做好各项准备。

（2）根据背景资料组织市场调查报告会。

（3）每组派一名代表作为报告人。

（4）以小组为单位，上交上述任务的电子文档与纸质文档。

（5）根据市场调查报告存在的问题进行交流和讨论。

考核评价

任务考核评分表

评价指标		评价标准	成绩评定			
			个人自评 20%	本组互评 30%	他组评价 30%	教师评价 20%
职业能力（共50分）	自我学习（10分）	能掌握实施市场调查的程序与流程；能了解调查人员的选择标准、培训原则、培训方法和培训内容；能理解对调查人员进行管理的方法				
	解决问题（10分）	能够组建调查队伍，进行各项准备工作；能够搜集、整理数据材料，实施市场调查；能够对调查工作进行初步评估				
	与人交流（10分）	掌握沟通技巧，善于表达，具有亲和力，能很好地与被调查者交流，顺利获取需要的信息				
	与人合作（10分）	互相尊重，平等相待，友善合作，互相商讨，协同完成任务				
	工作创新（10分）	不拘泥于理论、经验与形式，善于寻找高效实施调查的技巧和方法，对环境变化灵活应对，及时处理突发问题和事件				
职业道德（共50分）	职业观念（10分）	能正确认识调查人员的职业道德和企业营销伦理问题				
	职业情感（10分）	对调查工作有愉快的主观体验，稳定的情绪表现、良好的心态，具有强烈的职业认同感和荣誉感				
	职业态度（10分）	工作积极，对调查有充分的认知和积极的行动倾向				
	职业责任（10分）	严格自律，责任感强，具有较强的敬业精神				
	职业作风（10分）	作风良好，自觉行动				
合　计						
任务总成绩						

个人参与度评分标准

项目	优	良	中	差
调查工作表现	提前或准时到现场开展工作 0.3	迟到5分钟以内，能顺利开展工作 0.25	迟到10分钟以内，在提示下开展工作 0.2	迟到10分钟以上，工作心不在焉 0.1

续表

项目	优	良	中	差
承担调查工作量	承担实训任务并负责小组调查管理 0.4	承担实训任务并协助小组负责人工作 0.35	承担实训任务 0.3	应付 0.1
完成调查任务态度	积极主动，认真努力 0.3	认真对待 0.27	不太重视，马马虎虎 0.2	拒绝 0

优：0.12+0.18+0.4+0.3=1。小组长根据每位学生成员的讨论表现、承担的工作量、完成任务的态度等各项的具体表现对照评分，然后加总就是该学生的实训参与度评分。

小组名称：

组长：	个人参与度分数=
成员：	个人参与度分数=
成员：	个人参与度分数=
成员：	个人参与度分数=
成员：	个人参与度分数=
成员：	个人参与度分数=

个人成绩=任务总成绩×个人参与度

课后自测

一、选择题

1. 市场调查结果沟通的意义在于（   ）。

   A. 市场调查报告及其解释是市场调查结果实际应用的前提条件

   B. 市场调查结果的解释有利于市场调查结果阅读者和使用者更好地接受有关信息

   C. 市场调查结果的沟通有利于扩大市场调查结果的使用范围，可以使调查结果为更多的阅读者或使用者所认识

   D. 市场调查结果的沟通有利于市场调查者水平和能力的提高，也有利于市场调查结果的进一步完善

2. 了解报告听众应该做到（   ）。

   A. 在进行解释之前，负责报告解释的小组必须认真分析和了解听取报告对象的特点

   B. 掌握听众们的身份，文化水平，兴趣爱好

   C. 了解和掌握听众们的需要及其关注点

   D. 了解听众对市场调查问题的熟悉程度及以后对决策的参与程度

3. 将自评结果反馈给调查结果使用者，可以（   ）。

   A. 使有关各方对情况加深了解，互相之间加深理解和友谊

   B. 十分有益于委托企业更好地应用调查结论

C. 为做好经营决策、指导经营活动提供条件

D. 使调查者增加知识和经验

4. 需要解释调查报告的负面结果时，我们应该（　　　）。

A. 不能回避负面的市场调查结果

B. 告诉客户事实真相是一个专业调查人员的职责

C. 真正对客户负责

D. 不能隐瞒那些负面结果或避重就轻

5. 评价观察过程的可控制性包括（　　　）。

A. 对其评价应包括观察调查法的整个过程

B. 对实施观察调查人员的培训，观察实际进行的环境

C. 观察是否具体、深入

D. 观察人员是否具有敏锐的观察力、良好的记忆力、判断能力和丰富的经验等

二、判断题

1. 解释调查报告就是要让调查报告的使用者或委托人确信我们的调查报告正确无误，可以直接运用于市场营销管理决策中。（　　　）

2. 在解释市场调查结果的负面情况时，解释人员应注意方式方法，对负面情况可以简略地说明一下，主要还是以正面介绍为主。（　　　）

3. 市场调查承担者有责任指导调查报告的使用者，使其能够正确理解报告、使用报告，这是市场调查工作的一部分。（　　　）

4. 自我评价市场调查报告可以为以后的调查工作积累有益的经验，以便更好地为用户服务。（　　　）

5. 检查市场调查的可行性，应该核查调查人员在实施调查时，是否犯有一些常见性错误，然后评估这些错误可能带来的影响的大小。（　　　）

三、简答题

1. 为什么要对市场调查报告的使用者进行指导？

2. 解释市场调查报告有哪些技巧？

3. 怎样做好对市场调查结果的评价与反馈？

4. 从哪些方面对抽样过程进行评价？

5. 为客户提供过多的资料会有哪些负面影响？

6. 解释市场报告的意义。

7. 怎样解释报告的负面结果？

8. 市场调查成果沟通的意义。

9. 怎样指导调查结果使用者？

10. 评价调查报告主要评价哪些内容？

【学习收获】